人 文 社 科

高校学术研究论著丛刊

现代教师教育
体系构建探究

黄翠华 著

中国书籍出版社

China Book Press

图书在版编目(CIP)数据

现代教师教育体系构建探究/黄翠华著.—北京：
中国书籍出版社,2019.11
ISBN 978-7-5068-7515-8

Ⅰ.①现…　Ⅱ.①黄…　Ⅲ.①教师教育－教育体系－
研究－中国　Ⅳ.①G659.2

中国版本图书馆 CIP 数据核字(2019)第 249889 号

现代教师教育体系构建探究

黄翠华　著

丛书策划	谭　鹏　武　斌	
责任编辑	尹　浩	
责任印制	孙马飞　马　芝	
封面设计	东方美迪	
出版发行	中国书籍出版社	
地　　址	北京市丰台区三路居路 97 号(邮编:100073)	
电　　话	(010)52257143(总编室)　(010)52257140(发行部)	
电子邮箱	eo@chinabp.com.cn	
经　　销	全国新华书店	
印　　刷	三河市铭浩彩色印装有限公司	
开　　本	710 毫米×1000 毫米　1/16	
印　　张	16.25	
字　　数	211 千字	
版　　次	2020 年 7 月第 1 版　2020 年 7 月第 1 次印刷	
书　　号	ISBN 978-7-5068-7515-8	
定　　价	78.00 元	

目 录

第一章　回眸与展望：教师教育的历史与现状

　　教师教育是专门培养、训练准教师、正式教师的教育，是从"师范教育"概念的基础上发展而来的，把教师的职前教育、入职教育、在职进修三个阶段合为一体。"师范教育"专指职前培养阶段。2001年，《国务院关于基础教育改革与发展的决定》正式以"教师教育"的名称取代了"师范教育"一词。从"师范教育"到"教师教育"并不是简单的概念替换，而是标志着教师培养进入到一个新的历史阶段，是教育发展的内在要求。现在的"教师教育"就是在终身教育思想指导下，按照教师专业发展的不同阶段，对教师的职前培养、入职培训和在职研修的整体设计。本章就教师教育的历史与现状进行阐述。

第一节　我国教师教育的萌芽与发展演变

一、我国教师教育的萌芽

（一）相关背景

1. 近代教育的发展引发对师范教育的需求

　　师范教育的性质虽然近似人才教育，但它以辅助普通教育的发展为目的，它在中日甲午战争以后萌芽。当西方列强的军舰抵达我国沿海的时候,西方文明也铺天盖地席卷而来。在华洋人通过传教、办医院、办学校、办报纸和吸引留学生等形式,对我国自汉代"独尊儒术"以来形成的文化教育传统产生了前所未有的冲击。据统计,从1842年至1860年,"传教士在香港和广州、福州、厦门、宁波、上海5个通商口岸城市共编译出版西学书籍434种,内容涉及数学、天文、地理、植物、医学、历史、经济、道德、语言、风俗等西方近代自然科学和人文科学诸多领域"。①

1862年,京师同文馆成立,揭开了中国教育近代化的序幕。此后,语言类、军事类、技术类洋务学堂相继创办,开设了西方近代自然科学或实用科学的课程,有的还增设了外国史地、代数、物理、几何、微积分、化学、天文测算等课程。同时,清政府发起赴美、赴欧的留学生教育,以培养掌握先进文化知识和技术的专业人才。中国封建的传统教育开始瓦解,近代教育逐渐勃兴。

1895年,清政府甲午战争的失败宣告洋务运动的彻底破产,资产阶级维新变法思潮开始形成。维新派通过考察,把中国衰败的原因归于教育不良、学术落后,认为救亡之道应从改良教育入手,变科举,兴学校,育人才,开民智,引进西方和日本的教育制度。全国各省、府、州、县、乡应普遍设立学校,形成由初等教育到高等教育相互衔接、普通教育与专门教育并举的学校教育体系。由此,中国教育的近代化加快了步伐。从甲午到戊戌,短短几年间,一批培养政治、实业人才的学堂如雨后春笋般建立,如广州万木草堂、天津中西学堂、直隶矿务学堂、杭州蚕学馆等。一些先进的知识分子也创办西式普通中小学,如1896年浙江绅士孙诒让创办瑞安"算学书院"……到19世纪后期,仿照西方教育制度的新式学堂已颇具规模。然而,广兴学校必须具备数量足够的师资,新式教师的缺乏严重影响到中国新教育的发展。由甲午战争一直追溯到同治元年同文馆的设立,虽然有三十多年的办学历史,但中国学术方面的教授仍由科举出身的学者担任,西洋学术

---

① 熊月之.1842年至1860年西学在中国的传播[J].历史研究,1994(4):63-82.

方面的教授则多聘请外人，在国内尚无所谓师范教育。随着时代的发展，中国兴办师范教育的巨大需求也随之产生。

　　2.日本师范教育的发展经验

　　日本在明治维新以前，同中国一样实行闭关锁国政策。后来，日本通过明治维新，在维护皇权的前提下，以教育为有效手段，输入西学，开启民智，走上资本主义的发展道路，跻身列强。1872 年，日本参照法国中央集权式的教育制度，颁布《学制》，从法律上明确规定了师范学校的性质、任务、目的及人才培养的规格要求。随着 1886 年《师范学校令》和 1897 年《师范教育令》的颁布，日本确立了两级师范教育制度，形成了"封闭型"的教师教育体制。而日本近代化的过程中，坚持"和魂洋才"的西学观，既保持传统的民族道德规范——"和魂"，又大力汲取西方的政治、经济制度和科学文化技术，使西方文化与本土文化成功地结合。甲午战争失败后，清政府大规模向日本派遣留学生，聘请日本教师来华任教，还先后多次派人赴日考察教育，翻译介绍日本相关教育法规，日本的师范教育制度在国内得到广泛传播。在赴日的留学生中，学习师范教育者较多，他们在日本接受了一定的近代化教育，受到资产阶级思想文化的熏陶和冲击，逐渐改变原有的传统保守心态，萌生出新的思维方式与价值观念。回国后，他们提倡发展新式教育，大力引进日本的先进教育思想，努力传播和实践这些教育思想，为中国教师教育体制的建设作出了卓越的贡献。

　　（二）早期师范学堂的创建

　　在上述社会历史背景条件下，中国的师范教育开始萌芽。

　　盛宣怀于 1897 年在上海创办南洋公学，内设师范院培养教师，成为中国师范教育的发端。

　　以南洋公学师范院为肇端，其他一些师范学堂也相继创办，如京师大学堂师范馆（1902 年）、直隶师范学堂（1902 年）、通州师范学校(1902 年)、三江师范学堂(1904 年)等。

1.京师大学堂师范馆

1898 年,清政府制定《钦定京师大学堂章程》,规定京师大学堂分普通学与专门学两类,同时设师范斋和编译局等部门。后因变故停办。1901 年,清政府派张百熙为管学大臣,主持重建京师大学堂,学堂分设三科:大学专门科、大学预备科、速成科。速成科下分"仕学馆"和"师范馆"。1902 年 10 月,师范馆举行招生考试。京师大学堂的师范馆不仅是北京师范大学的前身,也是中国近代高等师范教育的源头。

2.直隶师范学堂

1902 年 8 月,鉴于各省小学堂教习乏人,袁世凯在保定创设直隶师范学堂,其办学宗旨为:"育才莫先于兴学,兴学莫重于得师……课程无定,名为设学,实仍虚应故事。故造就师范诚为刻不容缓。"[①]直隶师范学堂的学额有 800 名,按各属地方大小分定额数,生源从各州县举、贡、生员中考选。学制上分设四斋:一斋半年毕业,二斋一年,三斋两年,四斋三年。其半年毕业考取领凭者,先在小学堂充任教师一年,再由各斋毕业生依此轮往,各接充教习一年。教材则先取日本译成西学普通各书,再转译成中文,同时兼聘中日教习入堂教授。至 1905 年 10 月,直隶师范学堂已培养师资 1 280 余人。

3.通州师范学校

清末甲午科状元、中国近代著名实业家和教育家张謇于 1902 年创立通州师范学校,在江苏南通开学。这是我国近代第一所独立的民立师范学校,学校"讲求教授管理法、修身、历史、地理、算

---

① 璩鑫圭,童富勇,张守智.中国近代教育史资料汇编——实业教育 师范教育[M].上海:上海教育出版社,2006:553.

术、文法、理化、测绘、体操诸科学,庶为童幼子弟立受教之基础"。[①] 引人关注的是,通州师范学校的课程计划中设有选修性质的随意科,学校还附设小学,以供师范生实验练习。

4.三江师范学堂

1902 年,两江总督刘坤一上奏《筹办学堂折》,呈请在江宁(今南京)筹办师范学堂。1903 年,张之洞继任两江总督,上奏《创办三江师范学堂折》,力主"先办一大师范学堂,以为学务全局之纲领,则目前之力甚约,而日后之发生甚广"。[②] 他还提出了具体的办学计划,在总督府下设立两江学务处,筹划并管理办学事宜。同时,张之洞委派翰林院编修缪荃孙负责筹建三江师范学堂。1904 年 11 月,三江师范学堂开学,分本科(三年毕业)、速成科(两年毕业)和最速成科(一年毕业),开设理化、农学、博物、历史、舆地、手工、图画等课程。学堂最初聘请了 70 位中国教习(实际任教者 26 人)和 12 位日本教习。在人才培养上,学堂不但出资送中国教师出国留学,以便日后取代日本教习,还附设中小学堂,作为学生实地教学演练的场所。

除上述师范学堂,这一期创办的还有湖北师范学堂、贵州公立师范学堂、成都师范学堂等。这些师范学堂的建立开创了中国教师教育的先河,为当时的中国培养了第一批现代意义上的师资。

1904 年,清政府颁布《奏定学堂章程》,师范教育机构作为有别于一般学校的独立体系而设置。

二、我国教师教育发展演变

我国教师教育体系的演变过程,大体可以划分为以下四个

---

① 璩鑫圭,童富勇,张守智.中国近代教育史资料汇编——实业教育　师范教育
[M].上海:上海教育出版社,2006:771.

② 同上,第740页.

阶段。

(一)独立封闭师范教育体系的形成和确立(1897—1921 年)

自 1897 年盛宣怀创办南洋公学师范院至 1921 年,是我国师范教育发展的第一个阶段。这一阶段的师范教育主要以封闭式教育为主,模仿日本师范教育模式。

1902 年,《钦定学堂章程》(壬寅学制)正式规定了师范教育体系。1902 年,京师大学堂内设师范馆,培养中学师资,开了我国高等师范教育先河。1904 年初,仿照日本模式,《奏定学堂章程》(癸卯学制)对师范教育章程进行了修订,教师教育得以独立设置,自成系统。师范教育被分为纵有阶段、横有类别的系统,其规划的师资培养机构有初级师范学堂、优级师范学堂、师范传习所、实业教员讲习所四种。

1. 初级师范学堂

(1)培养目标:培养高等小学堂和初等小学堂教员,属中等师范教育性质。

(2)办学规模:"为小学教育普及之基,须限定每州县必设一所。"但创办之初,可先在各省城暂设一所,然后各州县逐渐仿照办理。

(3)入学资格:学生的入学资格应为高等小学毕业生,但当时的小学教育尚未成体系,因此允许各地暂从已有的贡、廪、增、附、监生中招收。

(4)课程设置:有完全科(修身、读经讲经、中国文学等 12 科)、简易科(格致、图画、体操等 9 科)。

(5)学费:办学经费由各地筹款备用,师范生无须交纳学费,但各学堂经地方长官批准后,也可视情形招收一定数额的自费生。

(6)服务年限:凡初级师范学堂毕业生,皆有充当小学教员的义务。

(7)教员资格:正教员"以将来优级师范毕业考列最优等及优等,及游学外洋寻常师范毕业得有优等文凭及毕业文凭者充选……",副教员"以将来优级师范毕业考列中等,及游学外洋得有高等师范毕业文凭者充选……"[①]

(8)学堂管理:初级师范学堂设监督、教员、副教员、监学、附属小学办事官、小学教员、庶务员等教学和管理人员。

此外,学堂得设附属小学堂,供学生教育实习,还应设预备科、小学师范讲习所和旁听生。

2.优级师范学堂

(1)培养目标:培养初级师范学堂和普通中学堂教员与管理员,属高等师范教育性质。

(2)办学规模:要求在京师和各省城均设一所,学生名额暂定最少240人,以后可渐次扩充。

(3)入学资格:主要招收初级师范学堂和官立中学堂毕业生。

(4)学习年限:学科分为三节,即公共科,限1年毕业;分类科,限3年毕业;加习科,限1年毕业。前两节学生必须学习,后一节自愿。

(5)课程设置:分公共科、分类科、加习科。其中,分类科分为四类,第一类以中国文学、外国语为主,第二类以地理、历史为主,第三类以算学、物理学、化学为主,第四类以植物、动物、矿物、生理为主。

(6)学费:公共科及分类科学生的学费均由官费支给,加习科学生若是由分类科毕业生选取者仍由官给费用,否则自备学费。

(7)服务年限:凡分类科毕业生均有效力本省及全国教育职业的义务,服务年限暂定为6年。

(8)教员资格:正教员"以将来大学堂分科毕业,考列优等及中等,及游学外洋高等师范考列优等中等,及得有大学堂毕业文

---

① 舒新城.中国近代教育史资料:上册[M].北京:人民教育出版社,1985:341-343.

凭,暨大学堂选科毕业考列优等者充选。暂时除延访有各科学程度相当之华员充选外,余均择聘外国教师充选",副教员"以将来大学堂选科毕业考列中等,及游学外洋得有大学选科毕业文凭者充选。暂时延访有各科学程度相当之华员充选"。[①]

(9)学堂管理:由监督统辖管理学堂全体学员,主管全学堂教育事号,监督之下,教务、庶务、斋务各设一长,分别管理各部门工作。

3.师范传习所

《奏定初级师范学堂章程》规定,各州县在未设初级师范学堂之际,宜急设师范传习所,选择省城初级师范学堂及简易科毕业的优等生,分往传习。师范传习所可借用旧有书院、公所等地点,招集乡村市镇以教授蒙馆为生业而品行端谨、文理平通,年龄在30岁以上50岁以下者入所传习。

4.实业教员讲习所

实业教员讲习所旨在培养各种实业学堂及实业补习普通学堂、艺徒学堂的教员。规定附设于农工商大学或高等农工商业学堂之内。实业教员讲习所招收中学堂或初级师范学堂的毕业生,分为农业教员讲习所、商业教员讲习所、工业教员讲习所三类。

农业教员讲习所的修业年限为2年,设人伦道德、算学及测量术、气象学等23科。商业教员讲习所的修业年限为2年,设人伦道德、应用化学、教授法、体操等15科。工业教员讲习所分设完全科和简易科。凡讲习所学生,学费均由官费供给,毕业后服务年限为6年。各讲习所内也需附设实业补习普通学堂,以供学生练习实地授业之法。

(二)开放型师范教育体系的形成和发展(1922—1948年)

1922—1948年,我国学习美国教育模式,取消独立师范体系,

---

① 舒新城.中国近代教育史资料:上册[M].北京:人民教育出版社,1985:341.

由大学和独立设置的师范学院共同承担中等师资的培养，形成了开放型的师范教育体系。美国教育家杜威、孟禄等人陆续访华，大批留美学生回国，双向交流带回了美国的教育思想和教育体制。1922 年，中华民国北洋政府教育部制定了《学校系统改革案》（壬戌学制），一改独立设置的师范教育体制，授予普通大学中等教育师资教育权，此后二者共同承担起中等师资的培养任务。

（三）独立封闭师范教育体系的重建和新的发展（1949—1995 年）

1949—1995 年，我国开始学习苏联的教育制度，又开始重建独立封闭的师范教育体系。1951 年，第一次全国师范教育工作会议召开，明确规定要整顿巩固原独立设置的师范学院，独立设置原先附设在综合性大学内的教育学院，将大学文学院中的教育系逐渐归并于师范学院等。由此，我国高等师范院校均为独立设置，大体上形成了"定向型"教师教育体系。1952 年的高等学校院系调整，还进一步加强了师范院校独立设置的体制。后来，我国系统地学习苏联模式，更加强化了"定向型"教师教育体系，并在以后的较长时期从发展走向成熟。

（四）开放型教师教育体系的确立和发展（1996 年至今）

1996 年以来，我国的教师教育开始进入向开放型教师教育体系的转型阶段。进入 20 世纪 90 年代，以高校的合并、重组为主要内容的高等教育体制改革不断深化，高校办学开始具有鲜明的市场化特点，拓宽专业、淡化专业的改革走向也很明显。在此期间，许多高师院校对封闭的教师教育体系进行了深刻反思。

随着我国基础教育的快速发展，基础教育师资供求关系、师范教育结构、师范教育政策均发生了重大变化，我国教师教育从数量保障体系开始转向质量保障体系。目前，高师院校、综合性高等学校和非师范类高等学校共同培训基础教育教师的格局已基本形成。我国教师教育已经开始呈现与一些发达国家类似的发展趋势，如师范院校综合化、综合性大学设置教育学院等。

第二节 教师教育发展的核心问题探索

教师教育的发展涉及一些核心的问题,包括专业性与非专业性、封闭性与开放性、学术性与师范性、阶段性与一体性,对这些问题的不同应答,关系着教师教育未来的发展方向。

一、专业性与非专业性

在古代,教师职业还没有从其他行业中分离出来,还不是一种独立的职业。我国原始社会末期出现了学校教育的萌芽——"庠",那时以长者为师、能者为师。我国奴隶社会时期,教育的一个重要特点是"学在官府、以吏为师",夏商时期的庠、序、校等都是官办的"国学",官吏承担教师的角色,官师一体。这种教师都有一定的官职,生活来源依靠做官俸禄而不是教学所得,因此并非真正的职业教师。此时,西方社会的教师大多由僧侣兼任。

当专门培养教师的教育机构出现时便标志着教师职业进入专门化阶段。1681 年,法国神甫拉萨儿创立了世界上第一所师资训练学校,这是世界上独立的师范教育的开始。我国最早的师范教育产生于清朝末年。1897 年,盛宣怀在上海开办南洋公学,特设师范院,以培养上、中两院的教员,是为中国师范教育之始。

20 世纪 80 年代中后期,掀起"教师专业化"的改革浪潮。在这一阶段,学校对教师的需求开始从"量"的急需向"质"的提高方面转化。于是,独立设置的师范院校逐渐并入文理学院,教师的培养改由综合大学的教育学院或师范学院承担,即"教师教育大学化"。由此,教师职业开始走上专业化的发展道路。

不过,关于教师职业是不是一种专门职业的问题,人们说法不一，确立的标准也不尽一致。

1966年10月，国际劳工组织和联合国教科文组织在巴黎会议上通过的《关于教师地位的建议》中提出："教育工作应被视为一种专门职业。这种职业是一种要求教师具备经过严格而持续不断的研究才能获得并维持专业知识及专门技能的公共业务。"① 利伯曼在1965年曾对一种职业是不是一种专门职业提出过八条标准：范围明确，运用高度的理智性技术，需要长期的专业教育，有广泛的自律性，负责任，非营利，有综合性的自治组织，有伦理纲领。

美国卡耐基教育促进会和霍姆斯小组于1986年发表的《为国家作准备：21世纪的教师》《明日之教师》两份报告中明确提出，教师教育的责任就在于造就训练有素的、达到专业化标准的教师，以教师的专业化来实现教学专业化。现如今，日本普遍把教师职业作为一项具有专业性职责的工作。《国际教育百科全书》也指出，教师的"教育教学水平应该愈来愈同内科医生的教育相媲美"。英国教育家霍勒斯教授在《教师角色》一书中也提出了教师专业化的标准。

在世界进入信息化时代的今天，教师的专业化越来越受到各国的重视。发达国家及一些发展中国家对教师专业化水平的要求大大提高，即使已具有高等教育学历，甚至持有高级学位的人也必须接受教育专业训练才能担任教师。

二、封闭性与开放性

教师教育体制从封闭的单一模式走向开放的多样化模式已成为世界各国尤其是发达国家的共同倾向，亦成为人们关注的主要问题。

教师教育从18世纪开始，并经19世纪的发展而形成完备的

① ［日］日本筑波大学教育学研究会著，钟启泉译. 现代教育学基础[M]. 上海：上海教育出版社，1986：443.

封闭式体系,即完全由独立设置的培养教师的专门院校来培养教师。封闭性的教师培养模式的培养目标集中明确,指向性和专业性强,但到了 20 世纪,其弊端也显露出来。人们开始意识到师范院校过于偏重教学技巧而忽视学术研究,培养出来的学生不能满足时代的要求。于是,许多国家或将师范院校合并或升格为综合大学,或在综合大学里设立教育院系,迫使师范院校走向开放性体制。

美国实行开放性教师教育制度,中小学师资均由一般大学培养。第二次世界大战后,日本的教师教育体制仿照美国,转向开放的发展模式,但在随后的实施过程中出现了很多问题,开放制受到了多种批判。例如,1958 年出台的《中央教育审议会咨询报告》对开放制教员养成制度进行了批判:认为开放制度下教师资格标准低下,国立大学中的教员养成目的也不十分明确,教师供求缺少计划性,供求混乱。1998 年以来,由于文部省颁布了新的《教育职员许可法》,新法根据专业化的思想对教职课程进行了改造,加大了课程比例,丰富了课程体系。但是这一规定给综合大学举办的教职课程教育带来了大量的困难,学生不堪重负,导致了许多非教育类大学放弃教职课程,重新办理课程认定手续的大学数量在减少,综合大学举办的教师教育在萎缩。

第二次世界大战后,英国教师教育是由以大学为中心的地区师资培训组织来承担的,“学术化”过浓,导致了组织效率不高和妨碍教育学院作用的发挥,这种组织最终于 20 世纪 70 年代中期被废除。20 世纪 80 年代以来的教师教育形成了由大学、教育学院、技术教育学院、艺术师资培训中心和开放大学等共同承担的局面。目前的情况是独立的教育学院是教师教育机构中的大头,其开设的 4 年制教育学士学位课程已成为教师培养最主要的渠道。

法国各级学校师资培养渠道不同,即初等教师由师范学校培养,中等教师由师范院校和综合大学共同举办,对师资培养亦有学术养成与教学养成两种理念的相互激荡。20 世纪 80 年代,法国实行所有教师教育的大学层次化，但是并不是大力发展综合院校的教师教育，而是在取消以前分散的省级师范学校、地区教学培训中心、学徒师范学校、职业与技术师资培训中心的基础上进行。1990年，法国在每一个学区成立了一所师资培养大学级学院。该学院坐落于大学所在的城市，以便能拥有一个较坚实的基础和作为研究、创新基地的大学保持永久性的密切对话。原各省的师范学校改为本学区教师培训学院的分院或教学中心，主要负责教学工作。

由上述可知，日本、法国和英国的现实仍然保留了较大规模、较大比例的封闭型教师培养机构。

当然也可以看出，世界教师教育呈现出开放性格局或趋势。而究竟采用何种体制，必须视各国经济、社会和教育发展水平而定。

三、学术性与师范性

学术性与师范性是教师教育发展过程中颇有争议的一个问题，有的强调师范性，有的强调学术性，这反映了人们对教育科学和教育艺术以及对教师职业的不同认识。

在古代社会中，人们并没有把教师视为一个专门的职业，对教师的主要要求在于知识与人品，认为有知识就能当教师。19世纪以后，人们逐步认识到教师如果仅有知识，没有或缺乏职业训练，不掌握"如何教"，就会直接影响到教育的质量和效益。因此，还应对教师进行专门的教育训练，专门的教师教育机构也得以广泛建立。在这些机构中，除了对教师进行学科知识教育，还开设教育学、心理学等教育学科理论课程和教育实践课程，对教师进行专门的教育训练，而且把对教师进行教育专门训练作为提高教育效益与质量的重要手段。同时，随着人们对教育研究的深入，教育学科迅速发展，教师教育师范性的比重逐步增长。

进入 20 世纪,学术性与师范性之争又激烈地展开,学术性逐渐占上风。一些国家为确保教师的学术水平而实行先取得学士学位后再集中进行教育专业训练等措施。然而,20 世纪 50 年代以后,大多数国家在改革其教师教育时,一方面提高未来教师学科的学术水平或学历层次,另一方面又增加教育理论与教育实践训练的比重。学术性与师范性又在更高的层面上走向统合。以英国为例,其教师教育一贯注重学术性,这一倾向的弊端在 20 世纪中叶以后变得更为明显。因此,在其目标与课程设置方面开始朝师范性倾斜,但过重的师范性又影响学术性,同样影响教师的质量。最终,在总结实践经验的基础上,英国教师教育走上了学术性与师范性相结合的方向。

由此看来,对于学术性与师范性的不同决策直接影响着教师教育的方向和未来教师的质量。国外教师教育的发展表明,我们应该要根据具体条件与需要在学术性与师范性之间做出合理的决策,使之在特定的条件下以适切的比例实现有效的统合。

四、阶段性与一体性

教师教育已不再局限于职前教育,而被赋予了"终身教育"的新内涵。世界各国的教师教育均包含了职前教育和职后教育的完整内容,正努力使职前与职后教育有机地统合为一个完整的相互联系的系统。

早在 20 世纪 70 年代初,英国就把教师教育分成连续的三个阶段:一是个人教育阶段,学习一般文理课程;二是教育专业阶段,主要学习教育课程;三是在职进修教育阶段,以加强教师的理论修养,改进教学方法,提高学术水平与业务能力。

美、德、日、法等发达国家,也都把对教师职后教育的认识提高到历史上从未有过的高度。

美国一些教育家从终身教育思想出发指出了教师职后教育

的必要性。费希尔于 1971 年在《教师在职培训》一文中指出："若要使一名教师在自己的专业作用上继续有所进步，可能要依靠在职教育。"1985 年，美国政府在《把学校办得更好》的白皮书中又明确地把加强教师职后教育作为政府的重要措施，要求学校和地方教育当局应更系统地进行规划，使教师职后教育更好地适应教师职业需要和学校变革的需要。

德国提出，要适应科学技术进步和社会发展的需要和充分应付今后难以预测的各种变化的要求，仅从大学里进行职前教育是不够的，教师职后教育是必不可少的条件。

日本《教育公务员特例法》规定，为了提高教师水平，教师有接受在职教育的义务。

法国也提出，为适应学校工作的变化，有必要对教师进行职后再教育。

总之，20 世纪 80 年代以后，职前教师教育与职后教师教育一体化成为世界教师教育改革最为显著的共同倾向。

第三节　我国教师教育的理论建设

纵观各国教师教育理论以及教师教育制度，大同小异。而作为教师教育思想的先导，终身教育思想和教师专业化思想早在 20 世纪 80 年代末就进入了中国。随后不久，教师教育思想和制度也被逐渐引入中国，并对中国的师范教育体制产生了深刻的影响。当然，这一影响在某种程度上也促进了教师教育思想和理论的推广。经历了近些年的探讨和摸索，在教师教育体制的建设上，教育理论界逐渐达成共识，即以开放的教师教育体制建设为最终体制诉求，通过阶段性的建设和推进，逐步打破既有的封闭体制，逐步改变以师范院校为教师教育的主要载体的局面，将教师教育推向全面开放阶段。

一、中国教师专业化思想和制度的沿革

教师专业化建设思想与终身教育思想相比,其目的性、针对性更强。因此,其传入中国以后,很快受到追捧,并迅速被运用到教师教育中。教师培养和培训的专业化就要求教师培养和培训机构专业化,要有相应的培训体制、管理制度和措施。20世纪末以来,随着我国教育改革的不断深入,对教师专业化的要求越来越高,传统教师教育模式中学科知识与教育教学知识之间的冲突迭起,迫切需要教师教育模式从过去的学历教育转变为在较高学历教育基础上的资格证书教育,突出教师教育的资格性与职业性,不断提高教师的专业化水平。

(一)我国教师专业化理论以及教师专业发展理论的研究进展

教师专业化已成为当前我国教育改革中的热点问题。学术界的早期研究均是对国外教师专业化理论与实践经验的引入和借鉴。国内最早引进的国外教师专业化专题研究论文可能是1988年由范宁编译的《霍姆斯协会报告:明天的教师(1986)》。20世纪90年代中期以后,教师专业化问题才开始得到广泛的关注。2001年,由教育部师范教育司组织编写的《教师专业化的理论与实践》一书出版发行。同年,首都师范大学在国内开大学与中小学联姻之先河,建立教师专业发展学校,这直接推动了国内教师专业化的研究热潮。我国教师专业理论研究主要着眼于教师专业化和教师专业发展。以"教师专业化"为关键词在"中国期刊网"进行检索,发现至少有9 283篇论文(含硕、博士论文)。若以"教师专业发展"为关键词,则发现至少有14 397篇论文(含硕、博士论文)。① 从搜索中可以发现,我国教师专业化理论上已经形成了数量巨大的积累,主要集中在"什么是教师专业化""教师专业

① 资料来源于中国知网统计。

化的内容""如何专业化"三个方面，但"质"的研究相对缺乏。总的来看，我国的教师专业化研究尚处于起步阶段，理论研究缺乏系统性和科学性。

（二）从专业制度建设的角度考察中国教师专业化发展的历史沿革

中国的教师教育专业化目前尚处于初级阶段，主要是因为中小学教师的专业性不够强，教师的劳动成果短期内不容易直接看到成败效应。

20 世纪 90 年代中期教师资格制度建立后，人们才开始逐步意识到：教师是和医生、律师相类似的一种专门化职业。实施教师资格制度也是教师职业专业化的一种重要条件和体现。教师资格制度是一项国家法定的职业许可制度，所有从事教育教学工作的人都必须具备教师资格。

2005 年，时任教育部副部长的袁贵仁在《全面落实以人为本的科学发展观　努力建设高素质的教师队伍——在 2005 年度教师教育工作会议上的讲话》中指出："坚持教师专业化的导向。教师专业化是国际教师教育发展趋势，是我国教育发展的客观要求。"尽管我国的教师专业化仍处于初级阶段，但教师资格制度的全面实施是我国教师职业走向专业化的重要步骤。2011 年，教师教育标准的陆续推出标志着教师专业发展的规范化和科学化时代的真正到来。

（三）基于国外教师专业化最新进展下中国教师专业化发展的趋势

根据国际教师专业发展的趋势以及我国教师专业发展的程度，我国未来的教师专业发展方向将走一条"自己的路"，呈现中国特色，这主要表现为以下几个方面的趋势。

1. 教师专业意识的提升及教师专业性方向培养

专业意识主要包括教师对专业身份以及专业内涵的根本认

识,进而形成专业发展意识,并在此基础上实现专业自主发展。

(1)教师对于专业身份的认识和认同。教师专业认同遵循了这样的逻辑:由身份认同到专业认同,即首先形成对教师角色、教师的职能、教师形象(社会地位)的认同,完善对教师身份的认同。然后在身份认同的基础上,逐步形成教师的专业理想、专业发展的理念。在未来的教师专业发展中,教师的专业身份认同是教师教育的重点,必将通过环境的构建以及教师情感的培养加以推动。

(2)专业发展的认知和认同。在教师专业认识中,专业身份认同是前提,专业知识认同是基础,专业发展认识是关键。因此,通过教育和制度的设计实施,形成教师在专业发展方面的全面认识,是未来需要努力的方向。值得注意的是,在当前发达国家教师专业建设中,出现了教师专业性养成以及测评的趋势,这一趋势也将成为教师专业认识和建构的主要组成部分,主要体现在教师的职前培养。

(3)专业发展的多维度推进。在推动教师形成深刻的专业发展认识和理解的基础上,还必须推动教师的自我发展。未来的教师专业发展主要体现出多维度的特征,其中有作为相对统一性的规范性发展和作为教师独立个体的自我发展。前者强调宏观和中观的政策设计、机制设计以及发展规划,体现出教师教育的根本要求;后者则关注个性发展。无论哪一种发展,都要求建立在教师教育的统一规划下,符合教师专业发展的趋势。在专业发展中,教师需要不断地回归到受教育和"自我教育"的过程,实现专业素质的持续发展和科学建构、完善。

2.教师专业发展制度建设不断完善

教师的专业发展体现在教师教育的法制和制度建设程度上。西方发达国家为保证教师的专业发展和教学工作的专业水平,普遍实行了以教师资格证书制度作为核心的教师准入制度。我国自《中华人民共和国教师法》《教师资格条例》颁布实施以及教师资格证书制度推行以来，教师专业化的进程也正在不断加快。2010 年起，我国启动了教师资格定期注册制度，试图打破教师资格终身化，促进教师专业发展。与之对应，教师教育的各类标准的完善也是未来的重点。

教师教育认可制度是教师专业化制度、机制建设的重要一环，而我国当前还未有成文的相关制度，这一领域将是未来建设的重点和突破口。

3.教师专业发展的重要方向：与实践相结合，成为研究者

从总体上看，目前各种关注教师实践的发展策略都试图通过共同体的形式，将在职教师实践智慧的形成和未来教师实习技能的锻炼构成一个良性发展整体。例如，美国 2009 年推出的《教师质量伙伴关系资助计划》，旨在通过契约式伙伴关系的建立，改革传统的大学教师教育制度以及推动教师见习计划。澳大利亚则企图通过《国家中小学教师职业标准》《改善教师质量国家伙伴关系》策略，推动教师合作的课堂实践。我国 2011 年推出的《教师教育课程标准（试行）》也明确了实践取向原则。当前，推动教师的职前教育、在职教育实践的有机连接将是我国未来较长一段时间教师教育的工作重点。

经验的升华和实践的提升在于"研究"性成果的出现和推广，因此要求教师在实践中带着"研究思维"开展工作，成为"研究者"。随着教育改革的不断推进，教师教育和教师专业化不断得到重视和加强，教师的教育研究能力越来越成为教师专业发展的重中之重。

二、终身教育思想与我国教师教育理论和政策的形成

终身教育思想是教师教育理论的灵魂，它的出现为现代教师教育理论的形成奠定了基础。各国纷纷将终身教育思想贯穿于教师教育的理论和实践中，制定和完善教师教育的体制。

（一）终身教育思想的传入与转译

在传入中国之初，终身教育理论主要运用于社会教育、成人教育领域。1993年，《中国教育改革和发展纲要》出台，该文件提出"成人教育是传统教育向终身教育发展的一种新型教育制度"，由此"终身教育"正式以文件的形式确定下来。之后，终身教育思想也逐渐向继续教育层面迈进。最先涉及的领域是远程教育，研究成果如钟志贤等发表在《现代远距离教育》1992年第3期的《现代远距离教育与终身教育》、臧晋平发表于《中国远程教育》1994年第4期的《终身教育与电大》。几乎与此同时，终身教育思想逐渐触及教师的培养层面。真正将终身教育思想与传统教育思想作为一对相对的概念提出来的是田明1995年11月发表于《成人教育》的《论终身教育观与传统教育观的对立统一》一文。

终身教育思想和理论直到20世纪末才逐渐延伸到教师的继续教育层面，其中曾洁珍发表于《现代教育论丛》的《终身教育与教师的继续教育》一文就是其中之一。从中国知网的数据统计来看，截至2019年8月，与继续教育、终身教育相关的论文有1900多篇，关于终身教育体系与终身教育理念的论文有759篇。纵观上述各文，其中存在的一个普遍问题就是未能将终身教育与中国的教师教育有机结合，即使有所论及也多为浅尝辄止。

总之，终身教育思想的基本因子和精神内核逐步实现了对教育思想界以及教育实践领域的渗透，并逐步在教师教育体制的建立和完善上起到重要作用。

（二）终身教育思想与教师在职教育的结合

终身教育思想与教师在职教育的结合，主要体现出两个方面的效果：教师在职教育的发展及教师教育一体化的发展。1999年3月16日，教育部印发的《关于师范院校布局结构调整的几点意见》提出:"下世纪初,逐步形成具有中国特色,时代特征,体现终身教育思想的中小学教师教育新体系。"此后,终身教育思想在教师教育体系逐渐渗透,并体现为对在职教育的要求。终身教育思想对教师教育的渗透是一个循序渐进的过程,这一点可以从1999年的《中小学教师继续教育规定》与2010年的《中小学教师国家级培训计划》的比较中看出。1999年的《中小学教师继续教育规定》确定了国家级的培训方案,中小学教师继续教育体系分为非学历教育和学历教育。其中,"非学历教育"包括新任教师培训、教师岗位培训、骨干教师培训。这一继续教育体系缺乏全面覆盖性,缺乏终身教育的思想和规划。相比之下,2010年《中小学教师国家级培训计划》则将终身教育思想贯彻于整体设计中,"通过实施'国培计划',培训一批'种子'教师,使他们在推进素质教育和教师培训方面发挥骨干示范作用……",在实施上则要求"要将'国培计划'纳入教师队伍建设和教师培训总体规划……"。这一设计是一个立体的、与基础教育对接的、在教师教育一体化指导思想下的整体设计。尤其是其中的《"国培计划"——中小学教师示范性培训项目实施方案(2010—2012年)》明确指出"2010—2012年,'示范性项目'……为'中西部项目'和教师终身学习提供服务支撑"。由比较可知,终身教育在教师教育领域渗透程度的加深和对教师在职教育设计以及实施方面有巨大影响。

终身教育思想在教师教育领域的影响还表现在教师教育一体化的设计上。2001年发布的《国务院关于基础教育改革与发展的决定》明确了这一思想的要求,"完善以现有师范院校为主体、其他高等学校共同参与、培养培训相衔接的开放的教师教育体系"。《2003—2007年教育振兴行动计划》明确对教师终身教育做出了规定:"完善教师终身学习体系,加快提高教师和管理队伍素质。"2005年,时任教育部副部长的袁贵仁在《全面落实以人为本的科学发展观　努力建设高素质的教师队伍——在2005年度教师教育工作会议上的讲话》指出:"职前培养重在基础,入职教育重在适应,职后培训重在提高。要在终身学习理念和资源共享原则的指导下,实现在不同阶段上不同教师教育机构之间的衔接、整合与重组,促进教师在整个职业生涯中不断提高专业化水平。"

教师教育一体化不仅要在组织形式上实现一体化,更要在培养方案、课程设置上真正实现一体化。一体化课程有着任何独立的教师教育院校课程所不具备的优势,即培养课程与培训课程的统一整合。这一理念在 21 世纪初以来的教师教育政策中得到了充分体现,并不断被落到实处,其中以教师教育的在职培训的设计最为明显,尤其是 2010 年以来的"国培计划"的设计和实施。

第四节　教师教育的现状与发展趋势分析

一、我国教师教育的现状

近年来,师范教育在不断发展与变化,制度体系在逐步完善,尤其是随着 21 世纪的到来,教师教育也迎来了一些挑战,但一些固有的问题仍然没有得到解决。对此,华中师范大学周洪宇教授及其团队在 2001 年做了一份关于目前教师教育现状的调查,从中可以看出调查对象对师范教育相关问题的认识。

(一)对独立设置师范院校的认识

统计结果显示,85.9％的调查对象认可"独立设置师范院校的好处是可以保持相对稳定的、专业思想比较牢固的、可靠的师资来源",各类型、各地域调查对象之间看法基本一致。总体上看,调查对象认为在新的形势下,独立设置师范院校的确存在着诸多局限或不足,但在师资培养、培训方面仍存在着无法取代的巨大优势,因此还有存在的必要,而且必须发挥政府的维持作用。

在问及"您认为目前尚需维持独立设置的师范院校体制的主要原因是什么"时,大部分调查对象普遍认为"社会的经济发展还未达到相当程度"和"各地教育资源分布和教师供求还有很大差异,教师尚不能较好满足社会的需求"。

对于"独立设置的师范院校体制在我国至少还应该维持多长时间"这个问题,统计数据显示绝大多数调查对象反对在近期取消独立设置的师范院校体制,认为必须考虑各地区经济与教育发展的不平衡性,应该在综合各方面因素后再做出合适的决定。

(二)对独立设置的师范院校目前面临形势的认识

调查对象普遍认为独立设置的师范院校目前面临着严峻的形势,存在着许多有待解决的问题。

1. 对于目前师范教育面临的挑战的认识

在回答目前我国师范教育面临的挑战问题时,有87.5%的调查对象选择了"全面推进素质教育对师资提出了更高的要求",各类型调查对象的比例都在80%以上,这说明师范教育工作者(特别是师范院校负责人)深切体会到了实施素质教育必须以提高教师素质作为基本保证,师范教育在推行素质教育过程中承担着极其艰巨的责任。

2. 对制约师范院校发展因素的看法

表1-1中的数据反映出,调查对象认为制约师范院校发展的因素十分复杂,既有来自于宏观管理层面的,也有来自于微观管理层面的,还有诸如办学经费、专业设置和课程结构等。而绝大多数调查对象并不认为师范院校的牌子限制了学校的发展,认可的比例很低,平均只有17.2%。

表 1-1 "对制约师范院校发展因素的看法"统计表①

（单位：%）

选项	类型					平均
	行政部门	部属师大	省属高师	师专	中师	
领导思想认识不够	66.7	100	51.4	85.7	50	70.8
宏观管理体制不顺	50	33	54.1	71.4	62.5	54.2
主管部门限制太多	0	50	64.9	57.1	12.5	36.9
办学经费不足	100	100	86.5	85.7	100	94.4
师范院校内部管理体制改革力度不大	66.7	66.7	40.5	57.1	62.5	58.7
师范院校专业设置和课程结构不合理	66.7	83.3	54.1	71.4	25	60.1
师范院校的牌子限制了发展	16.7	33.3	21.6	14.3	0	17.2
其他	0	0	0	0	0	0

（三）对如何改革独立设置的师范院校的认识

调查对象认为，对于师范院校来说，唯一的出路在于进一步改革和发展师范教育。

1. 对于当前改革和发展师范教育的关键问题的看法

表 1-2 中数据显示，有 98.9% 的调查对象认为"政府应加大师范院校的投入"，可见经费问题是一个严重制约改革、发展师范教育的因素。75.1% 的调查对象认为"师范院校苦练内功发挥特色与优势"是师范教育改革与发展的关键因素，在这方面行政部门与部属师大表达了一致的意见。

---

① 周光明,李远荣,黄梅. 新教师教育课程体系建构[M].北京:科学出版社,2014:71.

表 1-2　"对于当前改革和发展师范教育的关键问题的看法"统计表①

（单位：%）

选项	类型					平均
	行政部门	部属师大	省属高师	师专	中师	
进一步加强对师范教育重要性的认识	100	83.3	48.6	85.7	62.5	76
调整宏观管理体制	50	16.7	54.1	71.4	62.5	50.9
减少主管部门过多的限制	16.7	33.3	70.3	57.1	25	40.5
政府应加大对师范院校的投入	100	100	94.6	100	100	98.9
师范院校苦练内功发挥特色与优势	100	100	59.5	28.6	87.5	75.1
摘掉师范院校的牌子	0	0	5.4	14.3	0	3.9
其他	0	0	0	0	0	0

2. 对政府如何在师范院校改革与发展中发挥扶持作用的认识

师范院校的进一步改革与发展必然要求政府在政策、制度及资金投入等方面发挥相应的扶持作用。

调查表明：有 87.5％的调查对象认为在改革与发展师范院校的过程中，政府应该"落实师范教育在教育发展中的优先地位"，在这一点上部属师大的态度十分一致；76.6％的调查对象强调了在改革与发展中加强教师教育的制度化建设的重要性，要求政府给予大力支持；73.4％的调查对象希望政府能在"扩大师范大学办学自主权"方面发挥扶持作用；62.5％的调查对象要求政府"尽快出台有关导向性政策与措施"。

---

① 周光明，李远荣，黄梅. 新教师教育课程体系建构［M］. 北京：科学出版社，2014：72.

3.对扩大师范院校的办学自主权的看法

为了了解调查对象对扩大师范院校的办学自主权的具体看法,我们设计了 7 个问题选项:(1)在办学方面拓宽师范大学的办学空间,允许师范大学走共建、联合、合并、合作的办学道路;(2)在办学层次上允许加大研究生和职后的培训;(3)在专业设置上,允许适度发展非师范专业;(4)在办学体制上允许设置按民办机制运作的二级学院;(5)在收费标准上实行优质优价;(6)在基本建设上实行政府的贴息贷款;(7)其他。统计结果,如表 1-3 所示。

表 1-3 "对扩大师范院校的办学自主权的看法"统计表[①]

(单位:%)

选项	类型					平均
	行政部门	部属师大	省属高师	师专	中师	
(1)	100	87.5	83.3	100	83.8	90.9
(2)	71.4	37.5	100	83.5	91.9	76.9
(3)	100	50	100	83.5	97.3	86.2
(4)	57.1	25	66.7	50	70.3	53.8
(5)	42.9	62.5	66.7	50	75.7	59.6
(6)	100	75	100	50	97.3	84.5
(7)	0	0	0	16.7	0	3.3

从统计数据可以看出:选择(1)~(6)的比例都超过了 50%,这充分说明调查对象普遍认为扩大师范院校的办学自主权涉及面很广,应该是全方位、多层次的。

---

① 周光明,李远荣,黄梅.新教师教育课程体系建构[M].北京:科学出版社,2014:73.

4.对于如何维持和发挥师范院校的优势的看法

对于如何维持和发挥师范院校的优势的看法,调查数据显示:87.4%和89.7%的调查对象分别选择了"加强教育科学的研究"和"提高教师教学科研水平";90.4%的调查对象不满师范院校的专业设置和课程结构,认为必须做出调整;还有相当一部分调查对象认为应该"加强学生专业思想能力培养"和"加强教育教学实习基地的建设"。

(四)对开放师范教育的认识

1.调查对象对目前师范教育能否完全开放的态度

调查数据显示:74.3%的调查对象反对目前完全开放师范教育。行政部门中有较大的比例支持目前能够完全开放师范教育,而其他类型调查对象对此均不是很赞同。这说明调查对象普遍感到目前完全开放师范教育的时机尚不成熟。

2.对综合性大学参与培养师资的认识

综合性大学参与师资培养,对"师范院校的发展是利大于弊,还是弊大于利"的问题,其相关统计数据如表1-4所示。

表1-4 "对综合性大学参与培养师资的认识"统计表①

(单位:%)

选项	类型					平均
	行政部门	部属师大	省属高师	师专	中师	
利大于弊	100	83.3	75.7	71.4	50	76.1
弊大于利	—	16.7	24.3	28.6	50	23.9

大多数调查对象认为,综合性大学参与培养师资对师范院校

---

① 周光明,李远荣,黄梅.新教师教育课程体系建构[M].北京:科学出版社,2014:75.

来说是"利大于弊"的。

二、我国教师教育的发展趋势

当代国外教师教育日益重视教师教育目标的全面性,强调教师教育的专业化水平和教育层次的提高,突出了教师教育由单一系统向多元系统、由一次性教育向终身教育的转变,呈现教师教育的封闭式与开放式模式相结合、学术性与师范性发展取向相结合、理论培养与实践训练相结合的发展趋势。由于具体的国情不同,近些年来我国教师教育表现出一些新的发展趋势。

(一)逐步由三级师范体系过渡到二级师范体系

随着我国经济社会发展水平不断提升和高等教育逐步向大众化和普及化发展,我国师范教育正在进入体系转轨发展时期,正在逐步地由本科、专科和中专组成的三级师范体系过渡到由本科、专科组成的二级师范体系。但这一过渡的时间较长,部分地区需要三级师范存在很长时期,需要适度保留三级师范。

必须注意到,学前教育在农村还很薄弱,缺乏合格师资,绝大多数农民子女还没有机会接受正规学前教育。边远地区缺乏合格师资,主要是因为即使是中等师范学校培养出的毕业生也不愿到农村、边远地区从事学前教育、小学教育工作,本科师范学院毕业的准教师更加不愿意。因此,三级师范还是必要的,尤其对于边远农村地区而言。

(二)师资培养由封闭式培养模式发展到以封闭为主、开放为辅的混合模式

从总体上看,国外师资的培养也在由封闭式向开放式转变。不过,由于各国实际情况不同,培养模式转变的程度、速度也不尽相同,或基本实现或部分实现,或快或慢。我国于 1999 年 6 月颁布了《中共中央、国务院关于深化教育改革全面推进素质教育的

决定》后,我国封闭式的教师教育格局逐渐被打破。

我国原有的师资培养模式一直以定向式为主,在 20 世纪 50 年代后逐步发展了大量的师范院校,用于培养学前教育和中小学的教师,这是典型的封闭式培养模式。从 20 世纪 90 年代末开始,我国一些综合性大学开始培养中小学师资,并受到肯定,这是典型的开放式培养模式。2001 年《国务院关于基础教育改革与发展的决定》中提出:"完善以现有师范院校为主体、其他高等学校共同参与、培养与培训相衔接的开放的教师教育体系。"这进一步推动了开放式培养模式的发展。总之,我国传统的封闭式、定向式的师范教育体系正被打破。以师范院校为主体、其他高校共同参与的教师教育体系也正在逐步形成。在今后很长一段时期内,我国师资培养模式将是以封闭为主、开放为辅的混合模式。

(三)由收费逐步恢复到免费

20 世纪 50 年代后,我国的高等教育经历了免费到适当收取部分费用的过程。教师教育作为一种比较特殊的教育,在收费问题上也体现了其特殊性。近几年,教育部直属师范大学开始免费,并受到广泛欢迎。随着效果的逐步显现和增强,免费政策将逐步在各级师范院校推行,以便真正体现师资培养的重要性,吸引更多优秀的人才从事教育工作。

(四)加大教育类课程比重

教育类课程是教师教育院校特色之所在,是教师教育专业的方向课和身份课,其重要性不言而喻。但教育类课程在各国的受重视程度有很大差异。各国都加大了普通教育课程的比重,如"美国普通教育课程占课程总数的比例为 40%,日本和俄罗斯为 37%,德国为 33.3%"。[①] 与发达国家相比,我国多数教师教育专业的教育类课程占课程总数的 10% 以内,而且课程门类少、课程

---

① 周光明,李远荣,黄梅.新教师教育课程体系建构[M].北京:科学出版社,2014:14.

结构不合理、课程设置不够开放灵活、课程内容陈旧落后等。对此,我国教育部在近几年提出了教师教育专业要落实半年"顶岗实习"的要求。与此同时,我国一些教师教育院校也开始逐步增加教育类课程的比重改革,逐步将原来的"老三门"教育类课程进行大刀阔斧的改革,推行模块化、多样化改革,这些有益的探索符合教师培养发展趋势,将会产生深远的影响。

(五)学术性和师范性必将逐步得到协调解决

长期以来,高等师范院校一直有学术性和师范性的争论,甚至被批评为师范性有余而学术性不足,制约了师范院校的发展和师范生的发展。近些年一些高校所试行的"普通本科+教育类研究生"培养基础教育师资的人才培养模式就较好地解决了师范性与学术性的矛盾,使所培养的师资既有宽厚的专业基础,又有精深的专业知识与技术,这应该是今后教师教育改革的一个重要方向。

(六)校本培训越来越受到重视

校本培训是在本校中进行的以本校课程和整体规划的需要为出发点的,贴近本校实际的培训。校本培训作为教师在职教育的培训形式,正在受到重视。校本培训以学校为主体,可以调动学校的积极性,充分发挥学校在在职教育中的导向、管理、监控、评估、激励等功能。校本培训所特有的价值使之成为教师发展的一个重要途径,是未来教师在职教育的重要形式。

第二章　师资力量建设：教师教育者的身份与教学能力构建

如今，教师已经被确认为一种由受过专门教育和训练的专业人员所从事的专门化的职业。时至今日，教师职业已进入教师专业化发展阶段，如要求培养教师的教师教育要专业化。因此，教师素质、教师标准、教师评价等问题都进入了教师教育研究范围，教师教育者教学能力也是如此。从加强师资力量建设的角度出发，本章就教师教育者的身份与教学能力构建的相关问题进行探析。

第一节　教师教育者的专业身份及其认同

一、教师教育者的专业身份

教师教育者曾被称为是"隐蔽的专业"，其并不只是明确一个工作名称，从内涵解读，作为教师教育者的专业身份还需要随时间推移逐步构建，应当将教师教育者建立专业身份与开展专业实践理解为一个成长过程。

为澄清教师教育者的专业身份，我们将教师教育者与中小学教师进行比较，再对不同国度教师教育者的专业身份进行分析。

（一）教师教育者与中小学教师的比较

英国的默瑞将教师教育中的知识基础与技能要求分为第一

层级和第二层级两个层次,教师属于第一层级的实践者,教师教育者属于第二层级的实践者。二者所在的专业领域、角色要求等都有所不同,具体如表 2-1 所示。

表 2-1　教师教育者与中小学教师的比较[①]

	中小学教师	教师教育者
所属层级	第一层级	第二层级
对象	少年儿童	成人(但也需要了解少年儿童)
专业领域	中小学教育	高等教育(教师教育)、中小学乃至整个教育系统
角色要求	主要是教育教学实践者	教育教学实践者与反思研究者并重
专业知识领域	中小学教育知识和教学法	中小学教育知识与教学法、教师教育知识与教学法、系统的教育理论知识
专业知识程度	本学科及本学科教育教学知识	学科、学科教育之外还涉及教师教育、教育领域更丰富、更综合、更宽泛的专业知识
专业自主程度	立足中小学教育领域的专业知识更新、创新	专业成熟度更高,立足教育系统的综合理解,对中小学教育、教师教育乃至教育领域的多方面研究与创新

(二)不同国度同类教师教育者的比较

当前关于教师教育者研究成果最多的就是美国与荷兰,下面对这两国教师教育者的专业身份进行比较,以发现其中的一些共同点与差异。

共同点:都将高等教育的教师教育者和中小学担任实习导师的教师视为教师教育者,并分类纳入专业研究视野;对于中小学的教师教育者都提出了教学方面的较高要求;对于高等教育的教

---

① 郑丹丹.教师教育者及其专业标准的国际比较研究[M].杭州:浙江大学出版社,2015:40.

师教育者都有学位要求和中小学从教经历的要求。

不同点:由于中小学教师的培养机构存在差异,荷兰有三类教师教育的机构,如培养初等教育师资、初级中学教育师资的是专业大学,培养中学高段师资则是在传统大学。就美国的中小学教师培养而言,其在教师教育大学化进程中已经将教师教育大部分纳入大学层面,因此其对于教师教育者的资质要求与荷兰有一定的差异。此外,对于科研的要求也不尽相同,荷兰为小学和初中培养教师的教师教育者往往不做科研上的要求,而美国的教师教育者则一般被要求做科研,并要达到其他大学教师应当达到的科研要求。

二、教师教育者专业身份的认同

专业身份具有情境性和历史性,专业身份的认同同样带有情境性和历史性,而且需要具体情境下教师教育者作为主体的理性认知和情感意志的投入,实现专业身份的认同。以下就高等教育中教师教育者和中小学教师教育者的专业身份认同进行分析。

(一)高等教育中教师教育者的专业身份认同

(1)教师教育者首先是高校教师。因此,高校对于研究者的身份要求对教师教育者的影响是很大的,他们需要在研究中积累个人的学术资本。但他们的研究主题往往是与高校教师身份相联系的,而不是聚焦于作为教师教育者的身份。

(2)强化教师教育的实践性特质对于高校教师教育者的身份认同造成了新的困惑。教师教育者需要充分认识教师教育的实践性特质,主动保持大学与中小学的联系,让自己的教学始终与真实的中小学生活保持接触,从而提高自己的专业可信度。

(3)教师机构对于专业认同的引领程度影响着教师教育者。教师教育机构(尤其教育学院或教育系所)有责任推进教师教育者认同自己的专业身份,而且推进的途径应当配合机构内制度化的保障。

需要特别说明的是,从中小学教师转变为高等教育中教师教育者的这部分人员,还要进一步实现角色转换。

(二)中小学教师教育者的专业身份认同

中小学教师的首要工作是面对中小学生的教育教学工作,没有太多的时间和精力投入到另外一个专业任务——教师教育上。这类教师教育者没有正式的认证,很多时候这类导师的选择依据就是他们是优秀的教师,但优秀的教师如果不能被认同作为教师教育者的专业身份,又缺乏对专业意识下与教师教育相关的专业知识与能力的掌握,同样无法完成教师教育赋予的基本职责。此外,中小学里的指导教师与高等教育里的教师教育者之间缺乏基于教师教育专业发展基础上的合作,往往得不到高等教育的教师教育者的支持。

综上所述,以上两类教师教育者都需要专业身份认同,如何促进他们的专业身份认同就涉及主观努力与外部环境的创设两个方面。

第二节　教师教育者的专业素养要求

一、国际专业组织提出的教师教育者专业素养要求

到目前为止,世界范围内有不少国际、国家专业组织或专业团体对教师教育者的研究作出了贡献,获得很多有益的成果。例如,经济合作与发展组织教育委员会在探讨职前教师教育的认证和评价的时候,提出要"关注教师教育者的资质和背景",从而将教师教育者作为教师教育认证的一条标准,并明确提到教师教育

者的资质问题。

欧洲教育贸易联合委员会 2008 年的一份教师教育政策文件中专门单列一章研究教师教育者问题。该委员会的研究分析从教师教育者的职前、入职和在职这三个不同阶段入手，认为教师教育者需要具备实践领域的通透知识并与中小学密切接触；具有相关知识技能。

欧洲理事会和欧洲委员会从 2005 年到 2012 年相继针对教师和教师教育质量的提升出台了专门的政策文件与建议，并组织专题会议开展欧洲各国之间教师教育的交流与研讨。

欧洲委员会在 2005 年提出了针对教师教育中教学专业的四条一般准则，在此基础上要求从业的教师也需要具备一定的能力：与人合作的工作能力；采用知识、技术与信息的工作能力；在社会中、与社会相联系的工作能力；要能够促进欧洲各国间的流动与合作，鼓励跨文化的尊重与理解。

2010 年，在经济合作与发展组织探讨教师教育如何应对多样化的国际研讨会上，一份背景性文件里专门介绍了关于教师教育者能力要求的各国现状，也从教师教育者角度出发探讨了其如何做好准备应对多样化的问题，起草了教师教育者能力要求的初稿，其中包括第一层面的教师能力（教的能力）、第二层面的教师能力（教如何教的能力）、知识生产（研究）、系统能力、横越能力、领导能力。

欧洲教师教育协会 2006 年在荷兰阿姆斯特丹召开第 30 届年会，其中专门提出了教师教育者的质量标准问题和教师教育者专业标准的问题，认为如果想要教师教育者成为准教师的角色示范，那么教师教育者就应该表现出自己的专业资质及其具体指标以及如何运用指标，以系统和自主的方式实现专业发展。

以上这些国际专业组织或专业团体对于教师教育者专业素养问题都已经开展了专项研究与探索，推动了各国对于教师教育者及其专业标准的关注。

二、欧洲国家提出的教师教育者专业素养要求

（一）荷兰

荷兰的教师教育者专业标准制定与注册机制做得最完整，而且该机制是在荷兰政府支持下由荷兰教师教育者专业协会制定的。

1997年，在荷兰教育部的财政支持下，荷兰教师教育者协会开始制定教师教育者专业标准与认证程序，2000年制定了开展同伴评价流程的专业认证，此后又在2004年对这套教师教育者专业标准进行修订。2006年，该协会又修改制定专门的教师教育者专业标准以适用于中小学的教师教育者，到2009年有了针对中小学教师教育者的平行标准。2008年，政府部门又支持对现有的教师教育者标准和注册机制进行修订，并于2012年公布整合修订后最新一套教师教育者专业标准。

从政策层面看，荷兰职前、职后教师教育还是分离的，当前教师教育或教育体系相关的政策文件在探讨教师教育者这一专业群体的时候，主要讨论的是职前教师教育中的教师教育者。

（二）英国

英国并没有直接出台教师教育者的国家专业标准或资质要求，而是在提高高等教育教学质量时，提出了高等教育教师的教学专业标准。2003年，英国在《高等教育的未来》白皮书里提出了要建立高等教育教学专业标准框架。高等教育研究会于2006年2月正式颁布了《高等教育教学专业标准框架》。2011年，高等教育研究会又公布了调整后新的专业标准框架。该专业标准框架是描述性的，各高等教育机构（当然也包括教师教育机构）可以在使用该框架时制定自己的具体标准。

（三）比利时

比利时的研究者认为教师教育者需要具备以下这些专业素养。

（1）态度：开放、尊重、移情、批判、灵活、热情、反思、沟通。

（2）团队能力：有相关的从教经历，能将自己的经验迁移到更广范围的教育环境中，反思自己的经验和他人经验。

（3）知识能力：从学科知识和教育知识角度看，需要了解自己的学科，能够将知识传递给学生和同事，了解教育对象及其学习过程，能够弹性化处理知识。从教育领域宽泛的知识角度看，需要了解如何将教育知识与学科知识联系起来。

三、北美国家提出的教师教育者专业素养要求

美国教师教育目前主要是由综合大学的教育学院、普通文理学院教育系承担。但美国的教师教育者并非都属于一个专业团体，美国的全国教师教育认可委员会作为一个民间的专业性组织，是美国教育部和美国高等教育评估委员会所认可的全国性教师教育的评估认证机构。该委员会对教师教育机构的教师提出"必须是合格的能在学术、服务和教学方面提供最佳的专业实践，并同中小学其他学科的教师进行交流和合作"。

美国的教师教育认证委员会对教师教育者也提出要求：工作者要能接受学生培养的规格要求，并将培养有能力、有爱心、合格的教育者作为他们自己从事教育项目的目标；工作者要能接受学生培养的规格要求，表明自己对与教育项目相关的学科已经有准确、均衡的理解；工作者具备了所在教育项目里教课的资格；工作者的资质要等于或高于整个机构的基本要求。

加拿大教师教育的培养职责属于大学，但随着教师教育的大学化，人们开始强调教学专业的自主性，试图通过非政府机构来对教师资格进行管理。但政府强化了对教师资格的管理和控制，

教师资格的授予是地方政府的责任,由政府教育部门直接负责教师资格证书的考核和录用。加拿大在教师教育者专业素养方面的讨论倾向于赞同英国的做法,因为英国倾向于建立一个在关键价值观、内容、活动三个维度上比较灵活的教学专业标准框架,而把具体细节留给各教育机构自己去决定。相应的,加拿大高等教育教师的培训课程涉及三个领域:核心知识、课堂教学技能和教学实践评价。

四、亚非国家提出的教师教育者专业素养要求

(一)亚洲国家提出的教师教育者专业素养要求

亚洲国家以我国为例。我国还没有针对教师教育者的专业素养要求出台专门的文件,但从相关的教师教育课程师资培训工作要求、教师教育课程标准、基础教育教师专业标准的相关文件与通知中可以找到相关的阐述。

2004年2月,《教育部关于进一步加强基础教育新课程师资培训工作的指导意见》提出:"师范院校和教师培训机构要进一步树立为基础教育服务的指导思想,贴近中小学,贴近新课程改革第一线,根据新课程改革对师资的要求,改革教师教育培养模式,更新教学内容、教学方法和教学手段,提高办学质量。"

随着我国2011年《教师教育课程标准(试行)》、2012年《幼儿园教师专业标准(试行)》《小学教师专业标准(试行)》和《中学教师专业标准(试行)》的颁布,教师教育工作的承担者——教师教育者开始从一般的高校教师中凸显出来。

其中,《教师教育课程标准(试行)》提出,要"创新教师培养模式,强化实践环节,加强师德修养和教育教学能力训练,着力培养师范生的社会责任感、创新精神和实践能力","加强信息技术课程建设,提升师范生信息素养和利用信息技术促进教学的能力","加强教师职业道德教育,将《中小学教师职业道德规范》列为教

师教育必修课程"。可见,这个文件对教师教育者提出了社会责任感、创新精神和实践能力、信息技术应用能力、职业道德等方面的专业素养要求。

2012 年《幼儿园教师专业标准(试行)》就幼儿园教师提出了相关的专业标准。与之相应,培养学前教师的教师教育者也要有与之相关的专业素养,如幼儿发展知识、幼儿保育和教育知识等。尤其在专业能力方面,教师教育者应具备幼儿园教师所必须具备的良好环境的创设与利用、幼儿生活的合理组织与保育、游戏活动的支持与引导、教育活动的恰当计划与实施能力等。在基本要求层面,更是要充分反映幼儿园教师必须具备的专业态度、知识与能力。

同样,《小学教师专业标准(试行)》和《中学教师专业标准(试行)》中对中小学教师专业素养方面的要求,也是对教师教育者专业素养方面的要求。

2014 年 5 月,教育部办公厅印发《中小学教师信息技术应用能力培训课程标准(试行)》(教师厅函〔2014〕7 号)的通知,目的是指导各地组织实施全国中小学教师信息技术应用能力提升工程。可见,国家对教师教育者有信息技术应用能力方面的要求。

基于对教师专业素质的已有研究、分析以及我国教师教育者的角色定位,学者万恒认为我国教师教育者的专业素质框架可从专业精神、专业知识和专业能力三个方面进行建构。教师教育者必须具备较强的专业精神,具体体现在三点:一是坚持以教师专业成长为己任,二是自觉成为教师专业发展的楷模,三是成为客观理性的思考者。专业知识应包含教育知识、学科知识、学习特质知识、职业生涯规划与指导知识。专业能力包含教育教学能力、课程开发能力、资源建设能力、专业发展规划能力、理论联系实践的能力。[①]

---

① 万恒.教师教育者专业素质研究[J].江苏教育,2017(14):23-26.

（二）非洲国家提出的教师教育者专业素养要求

非洲国家以乌干达为例。在乌干达，要进入初等教育学院成为教员，需要持有教师教育证书。乌干达研究者从发展中国家和西方国家的研究中得出教师教育者专业素养的以下五个要点。

（1）教师教育者的知识，包括教学法内容知识和一般的教学法知识。

（2）强调环境的作用，在培养教师教育者的时候需要将环境状况纳入考虑范畴。

（3）教师教育者的关键角色和任务，其中重要的是会监督、评判。

（4）与另外一个重要角色相关联，即作为研究者和探究者。

（5）通过促进高质量的教育以培养准教师。

第三节　教师教育者教学能力的影响因素分析

影响教师教育者教学能力的因素是多方面的。需要指出的是，教师教育者作为培养教师的教师，虽然在教学能力方面有其特殊性，但群体的基本角色依然是教师。因此，所有影响教师教学能力的因素也同样是影响教师教育者教学能力的因素。影响教师教学能力的因素，可以归纳为外部因素和内部因素两个方面。其中，外部因素主要包括教师的社会地位、职业声望、学校制度、评价体系、生活环境等因素，内部因素主要包括教师的职业观念、从业动机、人格特征、思维品质等。这些因素对于教师教育者而言，会同样对其教学能力产生重要影响。但在这里，聚焦于教师教育者的教学能力特点，不讨论基础性的影响因素，而主要关注的是与教师教育者教学能力特殊性关系更加密切的影响因素。整体上而言，教师教育者教学能力的影响因素可分为显性因素、隐性因素两个方面。

一、影响教师教育者教学能力的显性因素

影响教师教育者教学能力的显性因素主要包括以下几方面。

(一)合作与共同体

合作与共同体因素由两个部分组成:一个是教师教育者与基础教育教师之间的合作,另外一个是教师教育者与不同学科教师之间组成的专业学习共同体。

1.与基础教育教师之间的合作

与基础教育教师针对教学问题进行合作研究,无疑对提高教师教育者的教学能力是有益处的。一方面,有助于教师教育者真正了解基础教育教学中的现实问题,使自身的教学研究更具有针对性;另一方面,有助于教师教育者把对基础教育教学的思考和认识融入教师教育课堂,帮助教师学习者更好地认识与了解基础教育教学的问题和需求。同时,教师教育者还能够在教师专业发展方面与基础教育教师互为促动。由于我国师范教育多年以来的封闭性,造成了师范教育与基础教育联系不紧密、师范教师与中小学教师之间缺乏合作的现象。

2.教师中的专业学习共同体

教师中的专业学习共同体实际上就是一个相对稳定的学习组织,其目的在于提高教师的教学质量和促进教师的专业化发展。前文提到的教师教育者与基础教育教师之间的合作,也可以视为一种由不同教育领域的教师组成的专业学习共同体。

对于专业学习共同体的讨论源自20世纪70年代的美国,它的出现是为了解决高校学科、院系之间各自为政、关系疏离以及教师间知识壁垒、缺少沟通等问题。如今,美国高校已经形成了较为成熟的教师学习共同体模式,并对世界其他地区的高校产生

了巨大影响。在我国,关于教师专业学习共同体的讨论也是近年来的热点话题。

在教师教育领域,通过专业学习共同体可以提高教学能力。教学中的问题往往很复杂,很多时候需要有丰富的、不同领域的知识才能解决。通过专业学习共同体,教师教育者可以在共同的发展愿景下与不同学科领域的教师进行交流,从资深教师身上学习和汲取教学经验,拓宽自身的知识面和加深自身对教学的理解。不过,我国目前很多学校并没有类似国外的教师专业学习共同体项目。

(二)管理评价因素

对教师教育者的管理评价机制会影响教师教育者的发展方向和动力,对教师教育者所处学科地位的评价定位会影响教师教育者的教学投入和积极性。研究证明,管理评价因素是影响教师教育者教学能力的重要因素。

在高等师范院校或设有师范专业的高校中,学校专门指向教学的管理制度、评价体系以及相关的支持辅助条例对于教师教育者教学能力的水平及发展均会产生影响。近年来,教学质量的提升问题正逐步受到各高等院校的重视,这其中也包括师范类院校。学校从管理层面表现出来的对教学的重视无疑会对提升教师教育者的教学能力产生正影响。但是,如果进一步细化,教师教育者对于学校在制度方面为教师提供的教学帮助途径方面的满意度并不高。此外,学校从管理层面还表现出对教师教育者的教学特殊性认识不够的问题。针对教师教育者的教学能力问题,学校在管理和评价的举措方面就表现得过于宏观和粗放。虽有基本的要求,但对于有特色的教师教育类课程教学的评价方面未能体现出针对性和支援性,在评价之后也缺乏后续的教学支持。学校对教师教育者的教学管理和评价针对性不够和精致化不足会导致教师教育者对其自身教学能力认识不清晰、发展方向不明确等问题出现,影响其教学能力水平的提升。

（三）组织培训因素

从显性因素考虑，学校有组织地为教师教育者提供的入职和职后培训对教师教育者教学能力会产生影响。

1.入职培训

教师入职培训是为了使新入职的教师更好地履行教师岗位职责而进行的有组织的培训活动。将如何培养合格教师作为基本教学理念，设计良好、内容丰富、形式多样、针对性强的入职培训是教师教育者角色意识形成和教学能力发展的基础。

2.职后培训

如果说入职培训是教师教育者教学能力发展的初始推动力，那么职后培训就应该为教师教育者教学能力的加速发展提供持续动力。教师教育者需要有"教"的能力，既能够正常开展教学活动，还要能在教学活动中对学生学"教"产生影响，这些都是对教师教育者教学能力的要求。要达到这些要求，必须依靠不断的继续学习、职后培训，这样才可能满足教学能力不断成长的需要。

二、影响教师教育者教学能力的隐性因素

影响教师教育者教学能力的隐性因素，主要是指个人因素。个人因素是教师教育者教学能力重要的预测变量之一，具体可分为：教学信念和教学认识、学科认知及角色认同、知识基础与实践经验、教师教育者的专业发展需求。

（一）教学信念和教学认识

教师教育者由于其职业角色的特殊性，在教学信念方面不仅要坚定以学习者为中心的理念，而且要明确自身的教学应对学习者教学态度、教学方法的形成具有引领作用。同时，应该尽可能

地在实际教学中忠于自己的教学信念,使自己的教学实践与教学信念保持一致,真正使自身的教学行为对教师学习者学"教"产生正影响。

教师教育者教学认识的深度和广度在一定程度上决定了教师教育者可能会对哪些方面的能力更加关注,更可能着力发展哪些方面的教学能力。可以说,教学认识潜在地影响着教师教育者的教学能力水平。

(二)学科认知及角色认同

教师教育者对所在学科的认知水平以及对自身教师教育者角色的认同也会对其教学能力产生间接的和潜在的影响。

学科认知主要指对学科内容、结构、方法的认识过程以及形成的知识结构。所有的教师都需要有较高的学科认知水平,但是对于教师教育者而言,在学科认知方面的要求会更高。不论是开展教学活动的能力,还是研究发展教学的能力、聚焦教学的影响能力都需要以教师教育者的学科认知为基础而形成。

在角色认同方面,实际呈现的是教师教育者专业角色意识对于其教学能力的影响问题。教师教育者只有从内心深处真正地理解和接受了自身的专业角色要求,并能自觉地在教学中加以体验和展现,实现其专业角色从"自在"到"自为"的转变,才有可能从根本上为自身教学能力的发展找到不绝的动力源泉。

(三)知识基础与实践经验

教师教学工作的开展必须有一定的知识基础做保障,在教学中逐渐积累并趋于丰富的实践经验会有助于教师教学有效性的提高。对于教师教育者而言,其知识基础、实践经验与教学能力之间有密切关系。

这里说的知识基础不仅仅指教师教育者所具有的狭义的学科知识和一般文化知识,也包括本体性知识、条件性知识以及实践性知识等更宽泛意义上的教师知识以及教师的知识管理。丰富的学科和条件性知识是教学能力发展的基础，但比较起来，对于教学能力影响更为明显的是教师教育者所具有的实践性知识。教师教育者通过实践经历获得实践经验，具备了一定基础教育教学经验的教师教育者往往能呈现更有利于学习者教学专业成长的能力特质。

（四）教师教育者的专业发展需求

教师教育者要提高自身的教学能力，在教学专业方面有所发展，内在动机的作用不可忽视，这就是教师教育者的专业发展需求。复杂的教学能力发展，仅靠外部力量的促动不足以完成，教师教育者必须具有主动地谋求自身教学专业发展的意识和强烈动机。只有教师教育者具备了源自内心的强烈专业发展需求，才可能从根本上对其教学能力提升有所裨益。当然，有需求还要有行动，教学专业发展需求是前提、内在动机，但还需要切实的行动才能把发展落到实处。

第四节 教师教育者教学能力的提高策略探究

探究教师教育者教学能力提高的策略与方法，有助于教师教育者教学能力的研究相对完整，可以为教师教育者提升自身的教学能力以及教师教育管理者有策略地协助教师教育者提升教学能力提供有益的参考和借鉴。需要强调的是，教师教育者教学能力提高策略是以促进教学专业发展为目标的。只有充分认识到教师教育者"教学专业发展"的特殊性，教学能力的提高策略才有可能更具指向性和体现其实际效用。具体而言，教师教育者教学能力的提高策略，如健全有针对性的评价机制、建立合理有序的教学培训、常设教学辅助与发展机构、建立多方参与发展共同体、畅通与基础教育联系通道、明晰主体认识与基础教育需求。

一、健全有针对性的评价机制

管理评价机制从制度层面影响教师教育者教学能力的发展，具有明显的导向和激励作用。促进教师教育者教学能力发展、健全有针对性的管理评价机制是学校和院系管理层必须考虑的问题。对此，可以从以下几方面考虑。

第一，通过规章制度明确教师教育课程在学校教育教学中的地位。因为规章制度反映的是学校教育系统的管理目标与价值取向。明确和提升教师教育课程地位是教师教育者教学能力提升策略能够产生持续作用的重要条件。提升教师教育者的教学能力，从人力因素方面为教师教育质量提升挖潜增能，必须要为教师教育类课程定位、正名，以避免高于实际学科地位的职责期待和工作任务，使教师教育者产生对自我职业价值的怀疑和否定，从而引发教师教育者的地位焦虑和以个人成就感低为主要特征的职业倦怠产生。

第二，建立规范的准入制度，凸显教师教育者教学要求的特殊性。针对目前很多师范类院校在教师教育者准入的时候单纯考虑学历因素、研究成果而造成的"学而优则教""研而优则教"的现象，学校应该从管理上入手，建立教师教育者准入制度，从源头上对教师教育者的初始能力有所要求和规范。

第三，通过评价细化教师教育者教学能力的要求，增强评价的导向性和增值性。目前大多数承担教师培养任务的院校能够重视教学，但是对教学的评价没有精细化，缺乏对具有特殊性的教师教育者教学的关注。这在一定程度上造成了教师教育者和普通教师之间的角色模糊，素质要求也不明确。因此，需要根据教师教育师资培养的需要，针对教师教育者教学的特殊性，制订具体的、有针对性的能力标准和评价方案。需要注意的是，制订的评价方案都应注重回馈设计和后续支援设计，能通过细化的方案真正为教师教育者教学能力的提高加力增值。

二、建立合理有序的教学培训

教学能力的发展是一个长期的过程，在经由各种学位课程为教学能力发展做了基础性的铺垫之后，合理有序地组织培训就成为教师教育者教学能力持续成长和不断发展的外部推动力量。组织培训是由上级主管部门、学校或院系主持承担，为提高教师的职业适应性和工作有效性，有组织地对教师采取的培训活动。

组织培训应秉承精细设计和有效实施策略，为教师教育者提供符合个别需要的实际帮助。组织培训主要有针对初任教师教育者的入职培训和针对在岗教师教育者的职后培训两种。

（一）入职培训

入职培训又称为"岗前培训"，其第一任务是厘清认识，可以通过讲座、座谈、示范教学等形式与初任教师教育者深度交流，使初任教师充分认识到自身作为一名教师教育者所承担的职责以及完成这些职责应具备的能力，特别是在教学能力方面的特殊需求；第二个任务是精心设计培训内容，在培训中贯穿对教师教育者所需各种教学能力的要求，为后续能力发展打下良好的基础。怎样开展教学活动固然是培训的重点，但是如何在教学中开展研究、建立起反思和创新教学的意识、如何通过教学引领学习者的教学发展也是培训设计中必须注意到的问题；第三个任务是重视经验衔接，为融通教师教育与基础教育经验做准备，虽然这不是一蹴而就的事情，但应在入职培训中就开始有意识地树立这样的意识和态度。

（二）职后培训

在职后培训方面，教师教育者的职后培训是一个长期的过程，奉行的基本策略是常规化。常规化是针对目前职后培训随机性强、指向性不明显等问题提出来的，它不是简单地重复培训内容,而是制度性地以提高和促进为目的,针对不同的能力发展要求展开的培训活动。教师教育者的教学能力要求是多种多样的,有些可以随着教学实践经验的不断积累而有所增长和提高,有些则需要在自我发展的基础上由外部力量促动和帮助,如组织与基础教育教师的座谈、进入中小学课堂观摩教学、搭建合作平台等培训方式等。在职后培训常规化的同时,有两个问题需要特别关注。其一,虽要侧重对青年教师教育者的培训,但也不能忽视资深教师教育者的继续提高。其二,职后培训对没有师范学习经历的教师教育者要给予特别关注。正规的师范教育学习经历会对教师的教学产生一定影响,而没有经历过师范教育的人从事教育工作,其教育学、心理学知识以及应付教育上实际问题的能力与受过正规师范教育的人还是有很大差距的。因此,要特别关注没有经历过师范教育的人,这种关注应该是全方位的,而不是仅仅多提供一些教育学、心理学的理论学习课时。

三、常设教学辅助与发展机构

学校常设的教学辅助与发展机构有针对性地促进教师教育者教学专业化发展,既是把组织培训工作落在实处的具体举措,更是使教师教育者教学能力发展常态化、长期化的重要保证。

目前在高校设立的教学辅助与发展机构中,最有代表性和引人注目的是设置专业的教学中心或教学发展中心。这一做法是由美国率先提出的,影响较大、发展较为成熟的有美国哈佛大学、密西根州立大学的教学与学习中心以及加州大学伯克利分校的教学与资源中心等。这些中心虽然名称有别,但功能定位基本是一致的,都以提高教师的教学能力、促进教师的能力发展为目标。在我国,设立专门的教学能力发展中心也是大势所趋。2012年,教育部高教司根据《教育部财政部关于"十二五"期间实施"高等学校本科教学质量与教学改革工程"的意见》(教高〔2011〕6号)要求,组织专家从中央部委属高校中评审、遴选出了30个国家级教师教学发展示范中心，其目的就在于完善教师教学发展机制，切实提高教师的教学能力和水平。

四、建立多方参与发展共同体

改善和提高教师教育者的教学能力，建立多方参与的发展共同体是值得关注的应对策略。

合作的特点是可以聚合资源、交汇思想，在相互支持的基础上有利于问题的解决。共同体是相对稳定的合作体系，有助于提高合作的效能并保持一定时期的合作稳定性。共同体强调知识分享、动态学习，具有促进个人和组织发展的作用，非常好地契合了教师教育者教学能力发展的需要。第一，不同或相同领域的教师由共同的研究和学习愿景聚合在一起成为共同体的成员，其构成往往是多样的、有差异的，彼此间可以取长补短、优势互补。同时，共同的问题解决过程是资深的、有经验的教师教育者对有发展需要的同伴提供直接或间接的指导和帮助的过程。第二，教师教育者需要有"融通学科及相关知识的能力"，共同体搭建维系了发展的平台，共同体成员间的学科差异就是发展的资源。第三，通过共同体还可以营建合作文化和合作意识，经由教学的交流、分享、浸润，为引领学习者合作学习和教师学习者指导其未来的学生构建学习共同体提供切实的帮助。

五、畅通与基础教育联系通道

教师教育者负有为基础教育培养教师的责任，需要通过与教师学习者进行"教学主题对话""回应教学实践问题"等活动，在教学中间接地体现基础教育教学和改革的需求。可以说，立身教师教育、面向基础教育是教师教育者的特点，教师教育者对基础教育的熟悉和了解不可或缺。因此，为教师教育者畅通与基础教育联系的通道就显得至关重要。在畅通通道方面，比较有效的做法是以校方或教师发展中心为主导,为教师教育者提供便利,使教师教育者可以定期或不定期地在中小学听课或开展各种教研活动。畅通与基础教育联系通道的方法有很多,在我国现在多采用基地学校的形式。基地学校接受师范院校的实习学生,为学生提供实习指导,高校的教师教育者也可以与基地学校的教师合作开展研究。我国教育部 2011 年颁布的《教育部关于大力推进教师教育课程改革的意见》中提出了要"聘任中小学和幼儿园名师为兼职教师,占教育类课程教学教师人数不少于 20%。形成高校与中小学教师共同指导师范生的机制,实行双导师制"的要求。只有多方形成合力,才有可能实现对教师学习者的有效引领。也有学者建议借鉴美国的方式,采用建立专业发展学校的方式推进大学与中小学之间的合作伙伴关系,通过大学教师与公立中小学教师之间的协同合作,"以改进教师教育和课堂教学实践,促进全体学生的学习"。①

六、明晰主体认识与基础教育需求

当然,提高教师教育者教学能力仅靠外部促动是不够的,还必须重视以激发发展动机、提高自我发展意识为目的的内在提升策略。在教师教育者教学能力的发展问题上,主体发展的需求和意识至关重要。而这又根植于教师教育者对自身职业角色的正确认识以及明晰基础教育需求的基础上。

常规地开展教学活动仅仅是教学能力组成的一部分,作为教师教育者,还需要对教学主动地思考、研究。教学知识的创新是教师教育者发展教学任务的体现,在教学中通过交流、示范和浸润引领教师学习者的专业发展是教师教育者特殊的角色责任。教师教育者只有形成正确的教学角色意识和职业责任感,才有可能自觉地谋求自身教学能力全面和主动的发展。

---

① [美]Bennett M. 著,陈佑清译. 大学与中小学伙伴协作:美国教师教育中的实践[J]. 当代教师教育,2008(4):6.

此外，在教学能力提升方面，教师教育者还需要了解和关注基础教育需求，基础教育的需求和期待是教师教育者教学能力发展的起点和方向。教师教育为基础教育培养师资，基础教育即为教师教育提供服务对象和用户。其中，中小学校为集体用户，而每名教师学习者即为个体用户。从集体用户角度来看，需要教师教育培养熟悉教学改革要求，能够实施有效教学的有效教师；从个人用户角度来看，希望通过学习能胜任教学工作并具备良好的个人专业发展能力和基础，这就是对教师教育的要求。了解基础教育需求可以促使教师教育者明确教学能力的发展方向，检视自身能力的不足，激发能力发展的内在动机，从而实现更好的发展。

总之，教师教育者的教学能力发展是一个动态的、连续的、必须与教育发展相契合并且纵贯整个职业生涯的过程，可以通过各种有针对性的策略来干预和帮助教师教育者改善自身的教学能力结构，提升教学能力水平。

第三章　政策性支持：教师教育制度与政策探究

教师教育活动的科学有效实施与行之有效的教师教育制度和相关政策密不可分。在世界范围内，传授科学知识的大部分工作都是由教师担任的，他们在进行知识传授的过程中，也影响着人类精神世界的发展。因此，教师也被称为"人类灵魂的工程师"。教师在社会发展中具有如此重要的地位，因此教师教育工作就更为重要，只有培育出高质量的教师，才能切实发挥教师这一职业的高尚作用。教师教育制度和教师教育政策正是保证教师教育活动科学有序发展的重要支持，因此分析教师教育的政策性支持十分必要。

第一节　教师教育制度的产生与发展

教师教育制度实际上就是在教师培养的过程中调整教师教育机构以及相关工作人员行为的一整套规范，它的形成并不是一蹴而就的，而是经历了一个长期的发展过程。

从世界范围内来看，教师的培养及其培养机构——教师教育与师范院校都有一个明显的带有某种规律性的发展轨迹，这一轨迹大致可归纳为以下三个阶段。

第一阶段为模仿阶段，这一阶段还未形成专门的教师教育制度，也没有专门的教师培养机构，教师的出现主要是有一定文化知识的人在教育实践中模仿前辈（师傅）的言行传授知识。

第二阶段为教师职业专门培训阶段，这一阶段教师教育开始初步兴起，一些专门的教师培养机构开始出现，同时师范教育开始成为教师培养的主要方式，并随着市场经济大发展和工业革命推动快速发展。

第三阶段为教师职业资格阶段，这个阶段培养的教师大多具有大学本科或本科以上学历，在大学本科阶段，大多是在大学文理学院学习相应的科学文化知识，而后再修习相应的教育课程，习得相应理论的和实践的教育知识和教育技能，通过教师职业资格考试，而后成为教师。当代发达国家的教师培训工作已经进入或正在进入这个阶段。

我国的教师教育制度也经历了长期的发展。具体来看，我国教师教育制度的发展历程可以归为以下几个阶段。

一、教师教育制度的创立

我国教师教育制度的创立始于清末，时间集中在 1840 年的鸦片战争到 1911 年辛亥革命后的清王朝结束期间，这一时期是中国历史上最为动荡的时期之一。鸦片战争爆发后，帝国主义敲开了中国封闭的国门，中国人突然发现自己的国家已经远远地落后于西方国家。在这种情况下，一些先进知识分子开始寻求复兴与发展道路，他们认识到古代教育制度和科举制度已经成为阻碍中国社会发展的枷锁，因此以曾国藩、李鸿章、左宗棠、张之洞等为代表的洋务派发起了"洋务运动"，在"中学为体，西学为用"的原则指导下，在中国培养新式人才，同时选派留学生去国外学习。但这场运动最终只是想要通过学习西方科学技术来发展国力，以政治经济文化为基础的配套改革却没有跟上，最终以失败告终。

洋务运动以后，以康有为、梁启超为代表的维新派人士在社会上发起了"戊戌变法"运动，想要从制度上改革当时的中国社会，全面推行新的教育制度，这一做法触及封建统治集团的利益，最后因受到镇压也以失败告终。

洋务运动和戊戌变法虽然失败了，但他们所倡导的新式教育在当时留存了下来,倡导新式教育的理念得到广泛认同。同时,为了安抚民心,维持统治力量,清政府下令废除科举制,建立新式学堂,从此中国封建教育制度在形式上完全结束,新的教育制度得以建立。在教师教育领域,师范教育制度开始建立。我们可以把 1902 年京师大学堂(北京大学的前身)成立的师范馆看作我国高等师范院校的雏形。但若真正来看,师范教育制度的确立应是在 1902 年之后,当时管学大臣张百熙拟订了中国第一部完整的学制——《钦定学堂章程》,即"壬寅学制"(图 3-1),该学制规定设立属于中等教育的师范学堂和属于高等教育的师范馆。这就构成了我国现代最初的中等师范教育和高等师范教育体系,标志着中国现代独立的师范教育制度的开始,但该学制公布后没有施行。1903 年,由张百熙、张之洞、荣庆重新拟订了《奏定学堂章程》

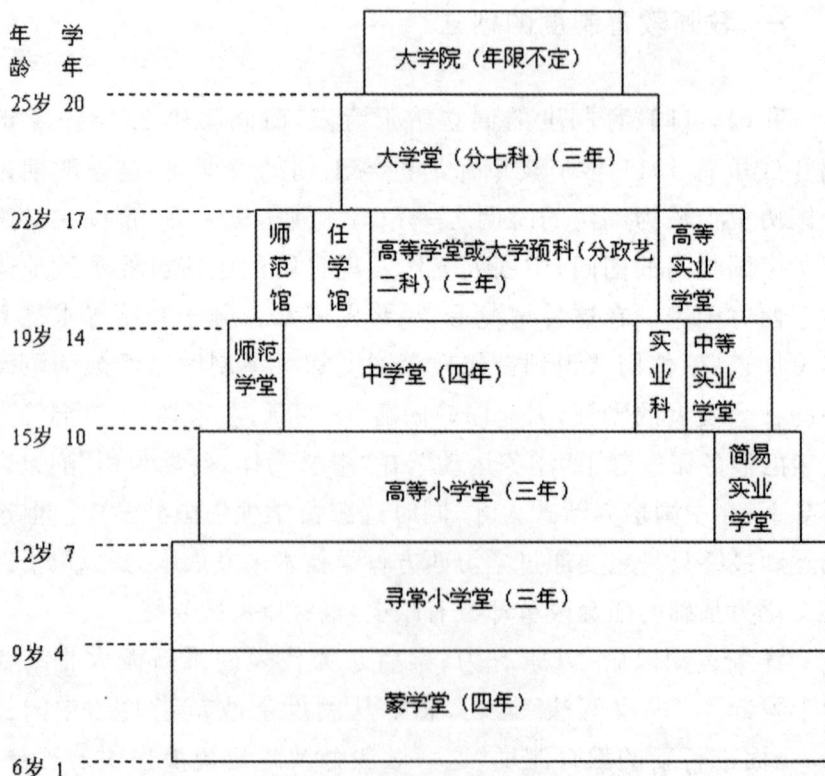

图 3-1　壬寅学制示意图

（以下简称《章程》），把师范教育分为初级师范学堂和优级师范学堂两级，从此师范教育制度在我国正式确立。

二、教师教育制度的初步发展

1911年辛亥革命胜利后，旧的封建教育制度已经不能适应社会现状，当时的教育总长蔡元培在教育界进步力量的支持下，坚持对旧教育进行大胆的改革，提出了"注重道德教育，以实利教育为主，军国民教育辅之，更以美感教育完成其道德"的教育宗旨。1912年7月，教育部在北京召开了"临时教育会议"，并于9月公布《学校系统令》，因1912年为农历壬子年，史称"壬子学制"。从壬子学制公布至次年8月，教育部又相继颁布了各种教育法令。这些法令与壬子学制系统有所差异，于是加以综合之后，确定为一个统一的学制系统，总称"壬子癸丑学制"（图3-2）。这个学制分三个系统，即普通教育、师范教育、实业教育，在师范教育中规定设师范学校和高等师范学校两级，相当于中等和高等教育阶段。

1912年9月，教育部颁布《师范教育令》，规定初级师范学堂改为师范学校；师范学校为省立，县或两个县联合可以设立师范学校；优级师范学堂改称高等师范学校；高等师范学校为国立。该教育令颁布后，原有的师范学堂都改名，如京师优级师范学堂改为北京高等师范学校；福建优级师范学堂高师科停办，改为福建师范学校。同年12月，南京临时政府颁布《师范学校规程》，规定师范学校以培养小学教师为目的，女子师范学校以培养小学教师和蒙养园保姆为目的。1914年3月，教育总长向大总统呈上建设高等师范学校意见："高等师范学校，为师范学校教员所自出，又为教育根本之根本……唯有将高等师范学校定为国立，由中央直辖，无论为校若干悉以国家之精神为精神，以国家之主义为主义,以收统一之效。"①自此高等师范学校为国立,中等师范学校由府立改为省立。这样,民国初期就确立了由国家设置的高等师范学校和省设置的中等师范学校两级师范教育独立体系。

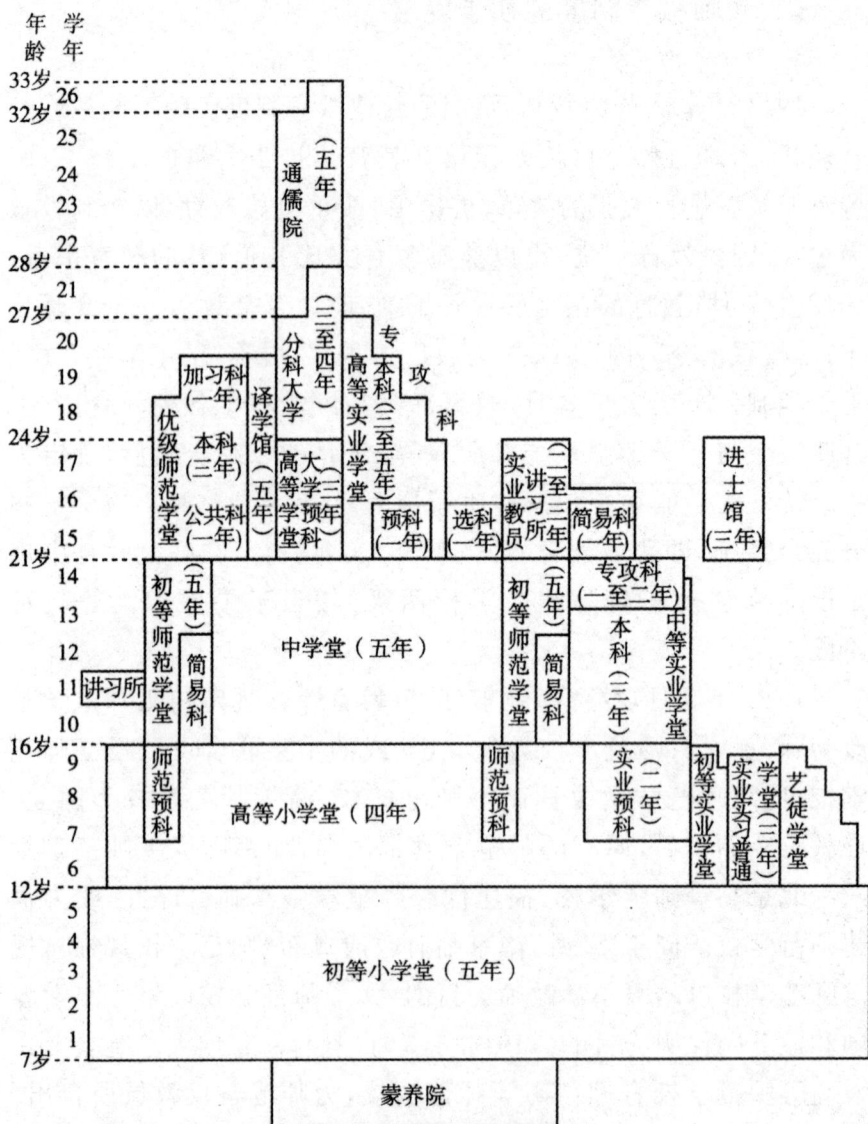

图 3-2 壬子癸丑学制示意图

---

① 王建军.中国师范教育百年简论[J].河北师范大学学报,2002(4):5.

　　五四运动以后,随着"民主、自由"思想的广泛传播,人们越来越要求开展教育改革。其中,师范教育作为培养师资的重要方式自然成为人们关注的焦点。当时,因为师范教育质量较低,不少人要求取消师范教育,再加上国外(尤其是美国)否定教师职业的专业性、否定教师需要专门培训和师范教育独立存在的思潮在国内影响较大,师范教育也受到影响。1922年11月,中华民国北洋政府以大总统令颁布《学校系统改革案》(史称"壬戌学制"),取消师范教育的独立存在,从而导致了全国大多数中等师范学校归并于中学,成为高级中学的一科,同农、工、商诸科并列,这就是中国近代教育史上出现过的"师中合一"。结果师范教育进行了改革,各地独立的师范学校与中学合并,师范生的公费待遇被取消;高等师范学校除北京高等师范学校改为北京师范大学、北京女子高等师范学校改为北京女子师范大学外(后合并为一所),其他高等师范学校或升格为大学,或归并于大学。独立的师范教育体系自此遭到了破坏,师范教育严重滑坡。

　　由于取消独立的师范教育导致师资质量急速下滑,直接影响了中小学教育的发展,受到社会各界人士的批评。国民政府于是在1929年4月公布《中华民国教育宗旨及其实施方针》,提出可在一定范围内独立设置师范教育,根据这一宗旨和方针,各省开始恢复独立的师范教育体制。此后,国民政府先后颁布《师范学校法》《师范学校规程》《训练中学师资暂行办法》等,师范教育开始脱离普通教育,自成独立的学校系统。

三、师范教育制度的形成与变革

　　中华人民共和国成立以后,政府十分重视师范教育工作,于1951年增设师范教育司,负责师范教育工作。1952年7月,教育部颁布试行《关于高等师范学校的规定(草案)》《师范学校暂行规程(草案)》《关于大量短期培养初等及中等教育师资的决定》,将师范教育分为高等师范学校和中等师范学校两级。其中,高等师范学校又可以分为师范学院和师范专科学校两类:师范学院培养高级中学及同等程度的中等学校师资,招收高级中学及师范学校(须服务期满)毕业生或具有同等学力者,修业年限为四年;师范专科学校培养初级中学和同等程度的中等学校师资,修业年限为两年。中等师范学校主要培养初等教育和幼儿教育的师资,招收初级中学毕业生或具有同等学力者,修业年限为三年;中等师范学校除师范学院附设外,均由省、市、县人民政府设立,私人或私人团体不得设立师范学校或任何师资训练机构。

此外,1954年6月,教育部颁布《关于师范学校今后设置发展与调整工作的指示》,规定将现有初级师范学校逐渐转变为师范学校或改变为轮训小学教师的场所,以逐步达到提高小学教育质量的目的。初级师范学校可以自1954年或1955年起停止招生,并根据具体情况,逐步转变为师范学校、小学教师轮训班或师范速成班。教育部还指示应有计划地扩充规模较小的师范学校,师范学校数量过少的地区应有计划地增设新校,同时应提高教学质量。

由于国家对师范教育的重视,师范院校的数量迅速增长。除了数量上发展之外,师范院校的培养目标也升格,将中师"升格"为师范专科学校,师范专科学校"升格"为师范学院;中师培养初中师资,师范专科学校培养高中师资,师范学院培养高等学校师资和科学研究人员。这样做的结果是多数的中师毕业生分配为初中教师,师范专科学校毕业生分配为高中教师,降低了师资队伍水平;高师数量发展过快导致有些学校师资和设备跟不上,不能保证教学质量。为了解决这些问题,国家提出"调整、巩固、充实、提高"的师范教育方针,规定了各级师范院校培养哪些人才,从而在一定程度上矫正了师范教育发展的不科学性。但这种情况并未延续很久,1966—1976年期间,社会各方面陷入停滞阶段,师范教育也陷入瘫痪。

1976年以后,国家的各项工作开始恢复,师范教育也重新步入正轨。1978年,教育部召开了全国教育工作会议,讨论如何办好师范教育的问题,并于同年10月公布了《关于加强和发展师范教育的意见》,强调应加强中小学教师队伍的建设和大力发展师范教育。高等师范教育方面,1978年恢复、新建了一批重点师范院校。1980年6月,教育部召开全国师范教育工作会议,促使高师本科院校加强教学工作。1980年9月,国务院转批教育部《关于大力发展高等学校函授教育和夜大学的意见》,指出高等学校除办好全日制大学外,还应根据本校情况,积极举办函授教育和夜大学,培训中小学教师。1980年10月,教育部发出《关于大力办好高等师范专科学校的意见》,明确指出高等师范专科是我国高等师范教育体系的重要组成部分,主要培养初级中学师资。1981年11月,国务院批准高等师范院校首批博士、硕士学位授予单位及其学科、专业和指导教师名单,这是高师研究生教育与学位授予工作的开始;还批准师范院校承担招收函授生的工作。在中等师范教育方面,教育部先后颁发了《关于办好中等师范教育的意见》《中等师范学校规程(试行草案)》《中等师范学校教学计划(试行草案)》《幼儿师范学校教学计划(试行草案)》等为中等师范教育提供政策引导。

党的十一届三中全会后,中国进入到以经济建设为中心的改革开放时期,计划经济体制逐步向社会主义市场经济体制转变。市场经济体制是运用市场机制来配置资源,强调企业在法律规范下自主经营、自负盈亏。政府不再直接管理企业,主要是依法监督企业的运行。在这种情况下,企业用人制度发生了根本变化,企业可以根据自身发展的需要选用人员,政府不再向企业分配人员。市场经济体制的建立对教育体制产生了深远的影响。为适应经济体制改革,1985年中共中央发布了《关于教育体制改革的决定》(以下简称《决定》)。《决定》指出:"在教育事业管理权限的划分上,政府有关部门对学校主要是对高等学校统得过死,使学校缺乏应有的活力;而政府应该加以管理的事情,又没有很好地管起来。"根据我国现代化建设的需要和教育发展的需要,1993年,中共中央和国务院制定了《中国教育改革与发展纲要》(以下简称《纲要》),该《纲要》是继《决定》之后发布的最重要的教育改革文件。《纲要》对中等教育体制改革、高等教育体制改革和政府职能转变等重大问题做出了决定。国家总体上要"改变政府包揽办学的格局,逐步建立以政府办学为主体、社会各界共同办学的体制。在现阶段,基础教育应以地方政府办学为主;高等教育要逐步形成以中央、省(自治区、直辖市)两级政府办学为主、社会各界参与的新格局;职业技术教育和成人教育主要依靠行业、企业、事业单位办学和社会各方面联合办学"。在这些政策的引导下,我国的师范教育制度也需要改革,不然就不能适应新形势发展的需要。教师教育作为一种专业教育,不仅师范院校可以办,其他有条件的院校也可以办;师范院校除了办教师教育专业外,具备条件的也可以办非师范教育专业。其实,中国高等师范院校已经在悄悄地发生着变革,许多师范院校虽然还是独立设置,总体上还在培养中小学教师,但已经在大量地办非师范专业了,有些师范院校所办的非师范类专业甚至超过了师范类专业,如北京师范大学、华东师范大学。

从体制上来看,20世纪90年代以后的师范教育制度改革实际上就是师范教育制度向教师教育制度的转变。与传统的师范教育制度专注教师的职前教育不同,教师教育制度关注教师从职前教育到入职教育,再到职后培养,以及教师专业发展,它将教师教育过程视为一个可持续发展的终身教育过程。具体来看,随着教师学历达标率的提高,基础教育水平的提高,我国的教师培养同世界发达国家所走过的路相类似;中等师范学校逐渐退出历史舞台,中小学教师培养开始由高等院校承担;学历教育和在职进修并举;教师趋向于高学历化;师范院校不仅开展职前教育,也开展在职教育,教育学院既开展在职教育,也开展职前教育;师范院校开始办非师范类专业;一些综合性大学开始设教育研究部门并着手教育研究生的培养。显然,"师范教育"这一概念已经不能概括我国的教师培养活动了,只有"教师教育"才能统括各种各样的教师的培养、培训或进修活动,因此我国的教师教育体制也开始由师范教育制度转变为教师教育制度。

第二节　教师教育制度的影响与评价

教师教育制度是作为社会实践活动的教师教育在其整个实践活动过程（即所有工作环节，如教师的培养与培训、选拔与录用、发展与晋升、评价与激励等）中应遵守的一整套行为规则。可以说，它是教师教育工作开展的指导，对教师教育具有重要的影响力。同时，教师教育制度的评价十分重要，它是否科学合理会在很大程度上影响教师教育制度的科学性。

一、教师教育制度的影响

（一）教师教育制度为师范教育的开展奠定了基础，在中国近现代教育中发挥了排头兵作用

在中国教师教育史上，师范教育长期以来为我国师资力量的培养奠定了基础。尤其是在中国近代社会，由于国力衰弱，中国备受西方列强的欺压。虽然在此期间一些仁人志士意识到了教育的重要性，并积极推动新式教育的开展，但从实际行动上来看，新式教育的开展离不开师资的支持。虽然在早期，从事新式教育的教师并非经过专业的师范教育培养，但随着我国师范教育制度的实施，师范教育培养出的师资成为近代社会新式教育开展的重要支撑。这些接受师范教育的新型教师将新的理念、国外的知识传授给学生，在很大程度上推动了近代教育的开展，为中国近代社会的发展奠定了坚实基础。

（二）教师教育制度为中国培养了众多教师，为中国新时期国家教育事业的发展培养了不少人才

在很长一段时间内，师范教育都是为了培养教师人才，再通

过教师将知识传授给学生,是提升国民素养的一种重要方式。尤其是在中华人民共和国成立以后,我国的师范教育日渐完善,培养出的教师也日渐专业,学历层次、教师责任、教学能力、教学方法、教学态度等的不断完善,也在很大程度上推动了我国现代教育事业的发展,为中国新时期国家事业的发展培养了不少人才。进入新时期以后,随着师范教育制度向教师教育制度的转变,从教师的职前到入职后发展都被纳入持续发展的轨道,通过教师教育制度,我国大多数教师更加坚定自己的事业心,增强了责任感,提高了师德水准,提高了专业知识水平,深化了本学科知识,加强了对本学科基础知识和基本理论的理解,掌握了本学科的一些发展动态,了解到本学科理论与技术的新发展,提高了自身更新教学内容和改进教学方法的能力以及教育教学基本功和学科教学或教育实践能力。同时,现代教师教育制度更重视教师教育理念的更新,引导教师在教育活动中转变传统的"教师权威"的观念,以平等的态度对待学生,注意引导学生积极、主动地去学习、探索,提高他们的学习主动性与自觉性,挖掘学生的潜能,进而更有效地激发学生成长成才,为其以后参与国家建设奠定了坚实的基础。

二、教师教育制度的评价

总体上来看,当前我国教师教育正从规模数量向质量效益发展,教师教育体系也将从相对独立向开放有序发展,教师教育管理从政策保护向制度完善发展,教师培养培训从相分离向一体化发展。但是就是在这样的发展趋势下,我国教师教育制度的构建仍然存在着不少问题,如教师职业待遇不高、教师教育实践匮乏、教师教育标准陈旧、高等师范院校的教师教育职能有所削弱、普通综合高校的教师教育工作没有到位、中等师范学校的教师教育资源严重流失、教师进修院校的教师教育水平亟待提高、各级各类院校的教师教育模式单一、落后等。因此,进行教师教育制度改革成为必然。

　　首先,从主要发达国家的教师教育制度可以看出,教师教育制度有一个持续的改革与创新的过程。我国十分重视教师教育工作,20世纪50年代根据整个国民经济和社会发展的需要开始建立独立定向的师范教育制度。经过多年努力,建成了世界上最大的教师教育体系。但这些教育体系大多是建立在传统的计划经济体制上的,是计划经济体制在教育中的体现。在市场经济时期,我国的经济体制已由原来的计划经济体制转变为市场经济体制,政治、经济得到了快速和稳定发展,政治和经济的发展促进了教育的发展,同时对教育提出了新的要求。具体来看,随着国家对教育事业的重视,国内各类教育事业迅速发展,但随着学校数量的增加,教育质量(尤其是高等教育大众化以后,高等教育质量下降)等问题引起了人们的关注,在这种情况下,作为教育直接参与人的教师素质得到了越来越多的关注。在知识更新速度不断加快的今天,教师要想高效、高质量地完成教育工作,除了要不断提升自己的素养外,作为教师培养基础的教师教育制度也需要适应社会发展趋势,不断变革,这就要求我国的教师教育制度需要从传统的相对封闭的模式向开放式转变,要积极向世界上教育水平较高的国家学习他们的教育制度经验,并结合我国的实际情况制定符合本国国情且有利于教师教育事业健康发展的制度。

　　其次,传统的教师教育制度比较重视学术性而忽视师范性,重视学科知识的教育而忽视教育学科课程的教育,在教师培育过程中常常进行职业定向教育,即根据教师未来要从事的职业(教育工作)传授他们相应的知识。在这种情况下,人们常常认为学高为师,德高为范,只要掌握了足够的专业知识就能成为教师。实际上,学历高、知识渊博的人不一定掌握了科学的、有效的教育方法,他们可能无法将自己的知识传授给学生,也可能故步自封,忽视了知识更新的速度,导致他们的知识层面跟不上时代发展的步伐。因此,在现代社会,人们开始提倡专业化的教师教育制度,即从教师这个职业专业发展的角度去构思如何让教师适应社会发展的需求,如何让从事教师职业的群体都能更加专业,这其实也是教师教育制度向专业化转变的一个体现。

最后,在教师教育制度中,教师教育机构是十分重要的一环。在新时期的教师教育制度改革中,创新教师教育机构也是非常必要的,这一方面要求我们必须改革教师教育的主要平台——师范院校要从职前教育与职后教育分别实施到职前教育与职后教育相结合,再到职前教育与职后教育一体化。这两种变革使教师教育制度发生了重大转变,前者是教师教育体制走向多元化,在体现国家对资格要求的前提下,强化培养形式的开放程度与多样优秀人才的汇集力度;后者是教师教育职能趋于一体化,使教师教育得到有力的支持,国家则能集中财力和人力建设重点教师教育培训中心,从而较好地提高教师培训水平。多元化体制有利于吸收各方面力量办好师范教育,调动多方面的积极性,而职能的一体化则有利于重点投入,并强化培训的职能,提高师范教育水平,适应普及人才教育对高水平师资的要求。

第三节 教师资格证书制度

教师资格证书制度也称"教师资格证制度"或"教师资格认证制度",它是世界各国通行的师资质量检验手段。为了确保教师质量,许多国家实行教师资格证书制度,我国也实施了教师资格证书制度。教师资格证书制度的实施一方面可以保证从业教师的专业合格性,确保教育质量;另一方面也有利于教师职业的科学合理发展。本节将对教师资格证书制度进行分析。

一、教师资格证书制度的概念

教师资格证书制度实际上就是国家对从事教师职业或教育教学活动的人所应具备的条件或身份的一种强制性的规定,是从事教育事业的人员必须具备的基本要求,也可以说是从事教育事业的法定许可。1993 年以来,我国的《教师法》和《教师资格条例》对有关教师资格的具体内容做了明文规定,根据《教师资格条例》规定,教师资格分为七种:(1)幼儿园教师资格;(2)小学教师资格;(3)初级中学教师和初级职业学校文化课、专业课教师资格;(4)高级中学教师资格;(5)中等职业学校教师资格;(6)中等职业学校实习指导教师资格;(7)高等学校教师资格。成人教育的教师资格,按照成人教育的层次,依照上款规定确定类别。

我国教师资格制度实施以来,对提高教师素质起到了明显的促进作用,它有利于严把教师队伍的"入口关",吸引优秀人才,从根本上提高教师素质。同时,教师资格证书制度有利于政府有关部门依法管理教师队伍,并根据教师的任职情况提高教师社会地位和待遇,使教师地位、教师队伍的素质和教育质量形成良性循环。

虽然教师资格证书制度具有积极的作用,但是人们在理解教师资格证书制度上存在一定的误区,这些误区主要包括以下几个方面。

第一,认为教师资格证书制度只是确保教师进入教师职业的一时措施,这一认识忽略了对在职教师的任教约束,容易导致一些人认为自己成为教师就端上了"铁饭碗",不用再考虑是否会因教育成绩不佳而失业的问题。实际上,教师这个职业对从业者有着很高的要求,教师资格证书制度只是让从业者能进入这个职业,若在从业过程中无法适应教育教学的要求,或者在从业期间出现不良行为,都有可能丢掉这份职业,因此教师应在任教过程中始终保持学习者的精神和态度,不断提高自身素质,获得专业发展。

第二,认为师范院校毕业的学生经过了专业的教师教育,默认已经具有教师资格,因此教师资格证书制度针对的是非师范院校学生和未具备一定学历的在职教师。根据我国《教师法》的规定,从事教师这一职业,必须思想品德、学历水平、知识层次、教育教学能力等都达到一定水平才可取得教师资格证,才可以从事教师职业。师范院校教育类专业的学生也需取得教师资格证,而并不是被排除在教师资格认证之外的。

二、教师资格证书制度对教师继续教育的作用

教师资格证书制度是教师专业化的重要内容,它标志着我国教师队伍的建设和管理进入了一个法制化的新阶段。教师资格证书制度的实施不仅有助于规范教师从业者,全面提高我国的师资队伍水平,也有助于推动教师的继续教育。教师资格证书制度对继续教育的作用主要体现在以下几方面。

第一,教师资格证书考核对从业者综合素养、教育教学素养以及专业素养有着一定的要求,这些要求是教师入职的门槛,是教师入职后接受继续教育的基础。在进入教师这个行业后,国家教育各级部门都十分重视对教师的继续教育,投入大量人力、物力,开展形式多样的培训,"国培""省培""地培"和校本培训等不一而足,这些都会促进教师的继续教育。

第二,教师继续教育使教师获得观念的改变、知识的更新和整体素质的全面提高,伴随教师职业化的进程,教师职业将越来越受到社会的尊重,越来越成为人们所羡慕的职业,而作为任职门槛的教师资格证,也将成为最有价值的从业证书。因此,通过教师继续教育对整个教师队伍素质的提升,将促进教师职业化的进程,使教师资格证书制度得到强化。

三、我国教师资格证书制度的实施

教师资格证书制度虽然在很大程度上规范了教师入职的门槛,有利于提升教师职业队伍的素质,但在实施过程中还存在以下诸多问题。

（一）教师资格证书的滥用

根据国家对教师资格证书的规定，我国有七个类型的教师资格，这些不同的资格标准原本是为了培养不同层次的教育人才。但在实施过程中，评价教师是否具有从业资格的这项制度是教师从业的最低标准，它可能使一些原本具有较高教学水平的潜在人才在教育教学中按照相关的资格标准行事，从而逐渐丧失探索精神，不利于教育质量的提高。

（二）缺乏对教师专业化发展的激励

目前，教师职称晋升是我国一种重要的、行之有效的教师激励制度。但教师资格证书制度并未将其与教师职称晋升结合起来，它只做到了对教师从业者的最低要求，并没有在更高层次的奖励上有所规定，不利于激发教师的积极性，使不少教师产生这样的思想，即只要我符合教师资格就可以了，在以后的职业生涯中也缺乏积极主动进行自我提升的激情，因此在一定程度上阻碍了教师的专业化发展。

另外，在社会上，虚假证书制度一直存在，这不仅在医生、律师、公务员等行业存在，在教师行业也存在。这种虚假的行为不仅不利于教师队伍的发展，使得一些不具备教师资格的人进入教育行业，产生巨大的威胁，而且会对一些凭正规资格审定渠道进入教师行业的人产生打击，不利于他们教育积极性的发挥。因此，近年来，国家十分重视对教师资格证书制度的审查，先后出台多项政策来规范教师资格证书制度，为我国教师资格证书制度的科学有序发展奠定了良好的政策基础。

此外，为了加强我国教师资格证书制度的科学性，我国不断提高教师任职学历标准、品行和教育教学能力要求，全面实施教师资格考试和定期注册制度，以打破教师"终身制"。这一政策已经先后在河北、上海、浙江、湖北、广西、海南、山西、安徽、山东、贵州等地实施，并不断扩大，相信不久的将来，我国的教师资格证书制度会取得更好的成绩。

第四节　教师教育政策的制定与完善

教师教育是教育事业的"工作母机",既决定着教师的质量,也影响着教育的质量。因此,必须高度重视教师教育。由于教师教育的发展与完善离不开政策的支持与保障,因此制定完善的教师教育政策也是十分必要的。

一、教师教育政策的内涵

(一)教师教育政策的含义

在我国的教育政策体系中,教师教育政策是一个重要的组成部分。所谓教师教育政策,就是国家机关、政党及其政治团体在特定历史时期,为了保障教师教育的正常发展,依据党和国家在一定历史时期的基本任务、基本方针以及教育基本政策而制定、颁布的有关教师职前培养、入职教育和在职培训等方面的政策。

教师教育政策是国家保障教育事业顺利发展、确保教育事业真正为社会发展服务的一项重要政治举措,也是规范教师教育、引领教师教育发展的风向标。

(二)教师教育政策的本质

教师教育政策从其本质上来说,是对教师培养、培训权进行的分配,具体涉及以下几方面的内容。

第一,谁有权力来培养和培训教师?

第二,受教育者需要学习的知识有哪些?

第三,关于受教育者能否成为教师,谁有权进行证明?

第四,合格的教师教育项目学习者能够或应该在哪一类学校任教？

对以上问题的回答不同，所制定的教师教育政策也会有较大的差异。

(三)教师教育政策的特点

教师教育政策相比其他的教育政策来说有着自身鲜明的特点，而且不同国家的教师教育政策在特点方面也会有一定的差异。在这里，着重分析一下我国教师教育政策的特点。

1.政府主导性

我国在制定较为重大的教师教育政策时，通常是先由教育部人事司、师范司等各司局提出，然后形成政策议案，并报请国务院通过后送全国人民代表大会审查与批准。由此可知，我国在制定教师教育政策的过程中，政府往往起着极其重要的作用。因此，政府主导性是我国教师教育政策的一个重要特点。

2.体制聚焦性

我国教师教育政策更多聚焦于体制，寄希望于通过体制的变革与创新来推动教师教育的发展。因此，体制聚焦性也是我国教师教育政策的一个重要特点。

教师教育政策的这一特点导致教师教育的发展受制于体制，教师教育的问题解决、条件改善等也被囿限于体制的框架内。如此一来，教师教育政策便会制约教师教育的发展，并大大削弱了对教师的激励作用。因此，在今后发展与完善教师教育政策时，要尽可能跳出体制的框架。

3.利益性

在制定与执行一项教师教育政策时，通常会涉及众多的利益者，而且每一个利益者都想通过该项政策获得一定的利益。在此影响下，教师教育政策便具有了鲜明的利益性特点。

对教师教育政策的制定与执行过程进行分析可以发现,这一过程与其说是理性主义的科学过程,不如说是各利益主体博弈、较量、权衡、协商、妥协的权力角逐过程,即各利益主体运用掌握的政治资源,表达其利益要求和愿望,从而影响政府决策,以便在最后的政策结果中使自己的利益偏好得到优先照顾,实现自我利益最大化的过程。其最终的结果是,政府决策者运用掌握的政治权力,对各利益主体的需求进行折中和平衡,进行社会价值权威性分配。

二、教师教育政策的制定

(一)教师教育政策制定的原则

在制定教师教育政策时,要使其发挥出最大的效力,真正成为增加教师职业幸福的手段,就需要遵循以下几个原则。

1.公正性原则

公正性原则指的是在制定教师教育政策时,应确保教师教育领域中各种利益的分配、资源的配置都是公平的,每一位有可能成为教师或已经成为教师的人都能够有平等的机会接受教师教育。

就我国当前的教师教育发展现状来说,存在着明显的不平衡性,即东西部之间、城乡之间的教师教育还存在较大的差距,从而严重制约了教师教育的平衡发展。而要从根本上对这一问题进行解决,就必须制定公正的教师教育政策,保障教师教育资源的均衡配置,确保绝大多数教师的需要和利益在教师教育政策中得到全面反映。

2.科学性原则

科学性原则指的是在制定教师教育政策时,应根据完备的综合信息、客观的分析判断,针对许多备选案进行优缺点评估、排定优劣顺序、估计成本效益,预测可能产生的影响,经过充分的比较分析后,选择最符合经济效益的最佳方案。这能够在很大程度上保证制定出教师教育政策的科学性、客观性和可行性,从而使教师教育政策发挥出最大的效益。

3.参与性原则

参与性原则指的是在制定教师教育政策时,应允许、鼓励包括教师在内的利益相关者积极参与决策。这既能够保证所制定的教师教育政策体现大多数教师的要求和利益,也能够保证所制定的教师教育政策具有针对性和全面性。

4.人本性原则

人本性原则指的是在制定教师教育政策时,应充分尊重教师,重视实现每位教师的个体利益,保障教师能够真正自由、自觉地张扬主体力量、完善自身素质、提升生命境界。

(二)教师教育政策制定的影响因素

在制定教师教育政策的过程中,往往会受到多方面因素的影响,其中较为重要的有以下几个。

1.经济因素

在制定教师教育政策时,经济发展状况是不可忽视的一个重要影响因素,具体表现在以下几个方面。

第一,国家的经济发展状况会影响到教师教育资源的总量。

第二,地区的经济发展状况会影响到教师教育资源的分配。

第三,教师教育政策的制定必须以国家的经济实力作为基本的物质条件。也就是说,在制定教师教育政策时,要充分考虑国家的经济实力,以确保其具有经济上的可行性。

2. 政治因素

任何政策都是阶级意志、利益的集中体现与表达，因此教师教育政策的制定必然会受到政治因素的影响。具体来看，政治因素对教师教育政策制定的影响主要表现在以下几个方面。

（1）政府的教育认知会影响到教师教育政策的制定

政府对教育的认知情况，既影响着教师教育是否受到重视，又影响着教师教育政策的制定。当政府将教育看作促进国家发展、提升国家实力的重大举措时，便会重视教师教育，重视教师教育政策的制定。

（2）国家的政治体制会影响到教师教育政策的制定

国家的政治体制影响着教师教育政策的制定，这具体是通过以下几个方面表现出来的。

第一，国家大政方针影响着教师教育政策的目标、内容等。

第二，国家的政治体制影响着教师教育政策的性质。

第三，国家的政治体制影响着教师教育资源的分配。

第四，国家的政治体制影响着教师教育，直接决定了教师教育政策的模式、过程和效率。

（3）执政党会影响到教师教育政策的制定

这主要是针对西方多党制国家而言的，不同的执政党在执政理念、政治目标等方面会存在较大的差异。如此一来，其关于教师教育的政策也会呈现一定的不同。

3. 科技因素

在制定教师教育政策时，科技因素应予以着重考虑。自20世纪八九十年代以来，科技特别是信息化技术和计算机技术的发展促使人们进入了信息化社会和知识社会。在这样的社会中，各个国家为了提高自己的综合实力和国际竞争力，都将培养创新人才放在重要的位置。在此影响下，教师教育政策的制定也日益凸显对教师创新精神、实践能力以及现代信息素养的关注。

4.教育理念

教育理念反映了人们对于教育的基本观念和信仰倾向，因此会影响到教师教育政策的制定。通常来说，在制定教师教育政策时，需要以社会、国家秉持的教育理念为导向。一旦教育理念发生了改变，教师教育政策也要呈现相应的变化。就当代社会而言，影响教师教育政策制定的教育理念主要有终身教育理念、教育公平理念、个性发展理念、教师专业发展理念等。

5.教育传统和教育现实环境

特定国家、特定时期的教师教育政策与其教育传统和教育现实环境有着密不可分的关系，因此教育传统和教育现实环境也是影响教师教育政策制定的一个重要因素。

（1）教育传统的影响

传统是历史在现实中的积淀，既能影响过去，也能影响现在以及未来。因此，一个国家的教育传统会对其教师教育政策的制定产生重要的影响。比如，我国在当代制定教师教育政策时，注重沿袭了"重德"的社会文化和教育传统，因此非常注重对受教育者提出教师职业道德自觉和理想人格培养等方面的要求。

（2）教育现实环境的影响

在制定教师教育政策时，教育现实环境也是不可忽视的一个重要因素。教育现存的问题、矛盾和要求常常是教育政策问题的源泉，教育现有水平又客观地制约着教育政策目标的确定和方案的选择，特别是基础教育师资现状及高等教育发展现状对教师教育政策的影响至深。

6.社会舆论

在教师教育政策的制定过程中，社会舆论往往也会产生重要的作用。社会舆论是反映和表达人民群众愿望和要求的一种形式，往往通过报刊、广播、电视、网络等传媒，将广大群众对教育领域发生或存在的重大问题持有的观点、不满及问题解决的想法、建议等传播开来,使这一大众普遍关心的问题成为全社会关注的热门话题,从而影响教师教育政策问题的认定以及教师教育政策的制定。此外,社会舆论往往能够给政府造成一定的压力,促使政府在制定教师教育政策时更加注重公平、公正的原则。

三、教师教育政策的完善

自改革开放以来,我国日益重视教师教育政策的制定,在引领教师教育发展方面取得了重要成就,如巩固了教师教育的地位、建立了开放的教师教育体系、提高了教师专业人才的培养规格、建立了教师专业技术职务和资格制度等。不过,我国的教师教育政策在当前仍然存在不足和问题,因此还需要对其加以完善。具体而言,可以从以下几个方面着手来完善教师教育政策。

(一)要始终坚持教师教育政策的伦理追求

教师教育政策在决策、执行及评价等各个政策环节都应率先地遵循伦理道德规范,以教师的职业幸福为最基本、最重要的伦理诉求。同时,教师教育政策的伦理追求体现了和谐社会的伦理意蕴,对于推动我国和谐社会的构建有着极其重要的意义。因此,在今后完善教师教育政策时,必须始终坚持教师教育政策的伦理追求。而要做到这一点,以下几方面要特别注意。

1.妥善处理教师教育政策的本体价值与工具价值的关系

对于包括教师教育政策在内的任何一项政策来说,都会具有两方面的价值,即本体价值和工具价值。对我国已有的教师教育政策进行分析可以发现,其有着明显的工具性倾向,即重在提高教师职业的吸引力,促进教育事业的发展。在此影响下,执行教师教育政策时很容易出现失真、虚化、搁置等不良状况,导致教师无法真正享有其权利。因此,在今后完善教师教育政策时,应妥善处理教师教育政策的本体价值与工具价值的关系。具体来说,就是在适当体现教师教育政策工具价值的同时,注重凸显教师教育政策的本体价值,即加强对教师受教育权利及其相关利益、资源等的权威性合理配置,重视教师受教育权益的实现、保障与维护。

2.积极实现教师教育政策的均衡化

我国长期以来存在的城乡二元结构,导致政府在配置教师教育资源、调整教师教育相关者的利益时,更多的是立足城市、优先发展城市的教师教育。这就在客观上造成了教师教育政策的"城市中心"和"去农村化"倾向,导致乡村教师教育被严重边缘化,严重影响了教师教育的均衡发展以及社会主义和谐社会的构建。因此,在今后完善教师教育政策时,必须积极实现教师教育政策的均衡化。

3.切实改变教师教育政策中的精英化倾向

对我国当前的教师教育政策进行分析可以发现,其存在着明显的精英化倾向,这明显与公正性原则是相违背的。因此,在今后完善教师教育政策时,应切实改变教师教育政策中的精英化倾向。为此,需要建立、健全广大普通教师的利益表达机制与民主参与制度,应充分尊重广大普通教师作为核心利益相关者的权利,决策中应确立利益相关者参与原则,即教师教育专家、政策分析专家、公务员、教师教育机构领导、师范生代表、中小学校校长、教师代表、社区代表以及中小学生及其家长代表等各个方面均应有代表参与,广大教师更是不可或缺的核心参与者。由于所有教师直接参与教师教育政策决策不现实,因而需要努力拓展、挖掘教师利益表达的广度和深度,可以通过信函、邮件、热线电话等渠道广泛征求教师意见,努力做到教师个体利益表达与组织利益表达相结合,建立、健全教师工会、教师协会等教师专业组织机构,完善教师组织利益表达的功能与机制。

4.要促进教师全面素养的提升

对我国已有的教师教育政策进行分析可以发现,其关于教师教育内容的规定大多集中于专业知识的学习和师范技能的训练,关于教师人文素养的教育内容相对薄弱,对教师创造性的培养也未予以足够重视。这导致教师在专业发展方面出现了一定偏离,即片面地将教师专业发展理解为增加知识、技能的工具行为,从而严重影响了教师的专业发展。因此,在今后完善教师教育政策时,应努力彰显对教师专业自主权和全面素养提高的关怀。

(二)要进一步规范教师教育政策评价

所谓教师教育政策评价,就是依据教师教育的价值标准,对教师教育政策运行全过程以及执行效果、目标实现程度等进行系统、综合的评判,总结政策运行的成效、经验,揭示存在的问题、不足,决定政策如何调整、修订、优化、完善以及如何吸取政策执行过程的教训等,为未来教师教育政策活动提供参考。借助于教师教育政策评价,能够对教师教育政策的效果进行检验,明确教师教育政策存在的问题,从而有针对性地进行改进和完善。

(三)要进一步加大教师教育政策执行力度

一项教师教育政策能否成功,与其执行情况有着密不可分的关系。因此,在今后完善教师教育政策时,要明确政策的执行主体、执行步骤、有关要求和保障措施等,有必要严格教师教育政策的执行程序,切实做到"有法必依、执法必严",严格依据政策目标,严格遵循政策执行的基本方案与原则,充分调动政策资源,激活政策执行的各功能要素,避免政策执行过程中出现"偏离""缩水"等现象,并要提高教师教育政策执行机关的素质,加大教师教育政策的执行力度,保障教师教育政策的顺利实施,充分发挥教师教育政策应有的效果和作用。

第四章 核心内容：教师教育课程体系建设

　　课程是学校赖以存在和发展的必不可少的条件，没有课程就谈不上学校的存在，更谈不上学校的发展。完整的教育过程至少包括教育构建环节、教育实际展开环节和教育评估环节，课程属于教育构建环节，它直接影响人才培养的质量和教育目标的实现。同样，教师教育课程与教学是教师教育制度与环境构建的重心，教师教育课程与教学改革是近年来我国教师教育改革中的"重中之重"。本章就教师教育课程体系建设的基本理念、教师教育课程体系的构成要素及重构、教师教育课程的合理设置、教师教育课程的改革等相关内容进行探讨。

第一节　教师教育课程体系建设的基本理念

　　教师教育课程体系在高等师范院校及开设教师教育相关专业的综合性大学中具体体现为培养方案。教师专业发展是教师教育课程的核心价值追求，为了保证这一价值追求的实现，教师教育课程必须秉持三个基本理念：育人为本、实践取向与终身学习。

一、育人为本

　　育人为本是教育的生命和灵魂，是教育的本质要求和价值诉求。教师的专业是育人的专业，教师专业发展体现在专业信念、专业知识与能力和专业实践的发展上，而这些发展最终要落到教师育人能力的提升上。

以往的教师教育课程设置以知识为中心，只是把学生看作被动的知识接受者，忽视学生身心发展的特点，"只见知识不见人"，知识重于人。在具体的教学过程中，学生往往成为知识的"容器"，而他们丰富的个体生活、经验和个性色彩被教师忽视了。《教师教育课程标准（试行）》"育人为本"的理念就是针对现行教师教育课程中"儿童缺失"的现实而提出的。教师的职责是育人，而无论何种教育影响，归根结底只有通过学生自身的选择与建构，才有可能真正形成学生发展的现实。如果教师不研究学生，不了解学生如何建构知识、产生观念，也就不能施加适切的教育影响，不可能实现真正有效的教育。

二、实践取向

教师的专业是实践的专业，教师的专业发展必须落实到教师"育人实践"能力提升上。

教学不是一门理论性学问，其依赖的是一种明显有别于科学或技术知识的特殊类型的知识——实践性知识，它融合了教育理论知识和教育实践经验以及教师的情感、态度、价值观等。正是这样一种知识支撑并主导着教师的教学行为。教师的实践性知识因与实践高度融合而在教师的教学活动中发挥着重要作用，它向人们展示了专业实践的复杂性，强调关注教师专业知识的形成、转化过程，突出了教师知识形成中实践参与的重要意义。近年来，教师实践性知识在增强教师专业特性、改善教师教育和促进教师专业发展方面具有的重要作用越来越为研究者所认识。

当然，强调实践性知识并非否定理论性知识的价值，或者说后者不重要。理论性知识是实践性知识的来源和养料，只不过它们需要在真实的实践过程中整合，经由一定的转化过程。教育理论的作用更多的不是指导实践，而是批判实践、提升实践水平；教师教育应帮助教师借助教育理论来理解、检验和批判性地反思自己的实践性知识,从而改组或改造原有的认知。因此,教师教育课程体系建设要坚持实践取向的基本理念,应做到以下几点。

(1)教师教育课程应强化实践意识,关注现实问题。教育专业本质上是一个实践的专业,教师教育课程自然要体现对教育实践的关照,要将当前教育改革和教师发展中的热点、难点问题纳入教师教育课程,要努力创设情境化的学习经历,要引导教师发现和解决实际问题,创新教育教学模式。

(2)加强实践性课程,提高实践性课程的实效。对于职前培养而言,实践性课程应该是内容多样的系列设计,应交叉、贯穿于从入学到毕业的全过程。对于在职教师而言,应该重视教育经验的价值,设计问题指向的培训内容,提倡不脱离工作情境的研修与培训。

(3)教师教育课程要帮助教师建构实践性知识,教师的实践依赖的是实践性知识。教师教育课程不应是理论知识的讲授与记忆,也不应是单纯的实践技能训练,而应是在理论学习与实践体验的交叉互动中帮助教师建构实践性知识。理论性课程的教学要重视从学生已有的知识经验和教学实际出发,选择典型的案例,尽可能使教师的学习过程成为一系列的问题解决过程;要将行动研究、叙事探究、案例研究等活动引入教师教育课程中,激发学习者的参与;增加教育实践环节的学分,提高其在专业课程学分中所占的比例,使学习者将学前教育相关理论与实践有机结合起来。

(4)教师教育课程应引导教师参与和研究基础教育改革,主动建构教育知识,发展实践能力。教师的实践在本质上是一种探究。教师身处复杂的实践情境中,他们凭借自身的实践性知识,采取灵活的行动。因此,教师教育课程要培养教师成为自身实践的研究者(探究者),自觉参与到教学研究中并成为研究的主体。教师要不断地对自己的教学工作进行反思和评价,提高对自己教学活动的自我洞察力,发现和分析其中存在的问题,并提出改进的方案。教师通过反思与探究,逐步养成研究自身实践的习惯,不断改进教育教学行为。

三、终身学习

教师也是学习者。未来社会是一个学习终身化的社会。日本学者本间政雄、高雄诚在《论外国的教育改革》一书中说:"教育应贯穿于人的一生,终身学习对任何人来说都是一个需要优先考虑的课题。"教师的专业是一个需要不断学习的专业,教师专业发展必须伴随着教师的整个职业生涯。特别是在学习型社会,终身教育理念向终身学习理念转化,教师必须应情景而学、应学生而学、应自身而学。联合国教科文组织国际教育发展委员会《学会生存——教育世界的今天和明天》指出:"现代社会,每个人都是一个'未完成的人',人永远不会变成一个成人,他的生存是一个无止境的完善过程和学习过程。"实际上,教师的发展至少要经过职前教育、入职教育和在职教育三个阶段,而教师进行教育教学实践所必需的能力绝大多数是在其专业实践中发展起来的。教师只有在专业实践中不断学习才能达到专业成熟的水平。

教师教育课程倡导"终身学习"的理念,即期望能为教师的终身专业发展提供支持。为贯彻这一理念,需要特别重视以下两个方面内容。

(1)依据教师专业发展全程规划教师教育课程,实现职前教育和在职教育课程的一体化。教师职前教育是为教师从业做准备的教育,它既是教师从业的基础,又是教师终身发展的前提。而教师在职教育是终身教育的具体形式,是对社会发展、教育进步给教师从业不断提出新要求的应对,是在职前教育的基础上教师专业发展的途径。因此,职前教育与在职教育是一个过程的两个阶段。2001年6月,国务院召开全国基础教育工作会议,发布《国务院关于基础教育改革与发展的决定》,正式以"教师教育"的概念取代"师范教育"。这不仅隐含了教师终身发展的观念,同样隐含了教师职前教育和在职教育一体化的观念。因此,"教师教育课程"的概念本身也就体现了课程一体化的要求。"终身学习"的理念意味着要把教师职前培养与在职培训看成相互联系的过程,要着眼于教师职业生涯各个阶段的专业发展,强化教师职前培养和在职培训课程的连贯性。

要实现教师教育课程的一体化,首要的就是推进教师教育机构内部的教师教育一体化课程体系的建设。教师教育机构必须强化教师教育课程一体化的建设,在关注内容延续性的同时,考虑不同阶段的发展目标和学习者的需求,处理好不同阶段教师教育课程的内容层次及相互关系,避免出现内容雷同、重复学习的现象。同时,要充分认识学习者已有的知识基础,并在此基础上进行拓展、延伸或者操作化。

(2)深化教师教育课程教学改革,重点发展教师的批判性思考能力。在职前教育阶段,教师教育课程的实施者经常有追求学科逻辑体系完整性的倾向,而明显缺乏对教师专业实践的切身体会,因此也经常以学习知识的方式来学习教师教育课程。处于在职教育阶段,教师教育课程的实施者高度关注教育教学实践,强调应用操作,而不关注应用操作背后深层的理念和原理。会操作能够让一个教师在课堂中生存下来,但无法保证他的发展和进步。

对于教师的终身发展,知识掌握和实践的重复都不是关键所在,关键所在是教师的批判性思考能力。无论是教师职前教育还是在职教育,批判性思考能力的培养都应当是一个核心目标。只有当学习者发展了他们的批判性思考能力,并将之应用于日常的专业实践中,其作为教师的终身发展才有可能成为现实。

职前教育阶段教师教育课程实施可能更关注理论,但绝不能将理论当作确定的、客观的绝对真理来传授,应该要让理论指向于学习者未来的专业实践。在职教师通常偏好实践操作,因此在职教育阶段的教师教育课程实施需要特别关注实践。但对实践的关注并不是要囿于实践操作,只关注做的层面。教师教育课程的目标是促进教师的专业发展,既能发现实践背后隐含的信念或理论,也要跳出实践,摆脱个人化的经验束缚,尝试从更高的高度审视实践,从中发现实践中共通的东西,创新教育教学专业知识,丰富专业知识基础。为此,教师教育课程的实施不能只关注知识的授受,也不能局限于实践技能的重复训练。

第二节　教师教育课程体系的构成要素及重构

一、教师教育课程体系的构成要素

与职后教师教育课程相比,职前教师教育课程的系统性更强一些,因此这里主要探讨的是职前教师教育课程体系。

(一)国内教师教育课程体系构成要素

就国内而言,教师教育课程体系构成要素包括教师教育课程目标、教师教育培养模式、教师教育课程结构。

1.教师教育课程目标

教师教育课程目标包括学生观、教师观、教育观、理解学生的知识与技能、开展教育活动的知识与技能、发展自我的知识与技能、观摩教育实践的经历与体验、参与教育实践的经历与体验、研究教育实践的经历与体验等方面。

2.教师教育培养模式

长期以来,我国基础教育的教师都是由独立设置的师范院校承担培养的,师范院校的专业设置是与中小学的课程设置相对应的。教师的培养是混合式的培养模式,即在学习专业知识的同时,增加"教育学""心理学""教育法"和教育实习,专业教育与师范教育混合在一起,在四年中完成。对于新转型的师范大学而言,目前提出的教师教育课程模式有"4+2""4+1""4+0""3+1""2+2"等。根据培养不同层次教师知识结构的需要,小学、初中、高中教师也需要不同的培养模式。

3.教师教育课程结构

教师的知识结构是决定教师教育课程结构的主要因素。因此,教师教育课程由四部分组成:普通教育课程、学科专业课程、教育专业课程、教育实践课程。

(1)普通教育课程。普通教育课程又称为"通识教育课程",最初是由西欧的博雅教育发展而来,具有广博的知识是教师从事未来职业的必要条件。

(2)学科专业课程。学科知识既包括学科内容,也包括学科知识的逻辑结构,对学科知识结构的掌握直接影响教师传授知识的方法和效果。

(3)教育专业课程。教育专业课程是解决教师"怎样教"的课程。世界各国都非常重视教育专业课程的开设,在整个课程结构中占有较大的比重。

(4)教育实践课程。教师的教育教学能力主要是通过教学实践形成的。

(二)国外教师教育课程体系构成要素

世界各地不同国家教师教育课程体系各有特色。综合世界各地区国家教师教育总体情况,可以将国外教师教育课程体系划分为以下几个要素。

1.课程目标

当代国外教师教育的目标已经超越学科知识、教学能力和教育理论的范围,并扩展到作为教师的所有方面。美国全国专业教学标准委员会认为,合格教师的知识、技能、素质和信念应包括以下五个核心问题。第一,教师要对学生和他们的学习负责。教师必须相信每名学生都能学会,并按照这样的信念开展工作。第二,教师要了解他们所教的学科知识,并且懂得如何去教。第三,教师要负责管理和检查学生的学习情况。第四,教师要系统地考虑教学实践,还要从现有的经验中汲取营养,并利用教育研究和学术成就来改善教学工作。第五,教师要成为知识团体的成员。他们要通过与其他专业人员、家长的合作来提高学校的教育质量。另外,他们还可以利用社会资源,把扩大学区知识作为学习的一个强大资源。日本提出合格的教师必须具备全面而广泛的素质、良好的道德品质和个性修养、常识广博,在教师录用阶段重视考察该人的全面素质和能力。

2.培养(训练)模式

国外教师的培养(训练)模式主要有以下两种。

第一,大学为本的教师教育模式。

第二,学校为本和大学为本相结合的教师培养空间模式。

3.课程设置

课程设置的好坏直接影响教师知识结构的构建和科学文化素养的培养,因此在国外教师教育运行机制的整个体系中,课程设置总是居于核心位置。课程设置方面主要从所设置的教师教育课程内容和各科目所占的课程比重两方面加以考察。

总体来看,世界大多数国家都是以本国对教师的要求为基本依据,制订出教师教育的培养目标,再以培养目标为依托进行培养模式的统筹安排和具体的课程设置。

二、教师教育课程体系的重构

传统"老三门"的职前教师教育课程和近些年来师范院校改革后所设置的职前教师教育课程,都呈现明显的技术理性倾向,同归属于客观主义范式。随着时代的发展,客观主义范式的教师教育课程在实践中表现出诸多弊端,受到众多批驳。20 世纪 80 年代,舍恩提出了反思性实践者范式下的教师教育课程体系。反思性实践者范式下的教师教育课程体系既要求职前的准教师在整个师范学习的全过程中有形式多样的循序渐进的实践机会,拥有一定的实践经验,同时要重视师范生教育理念的养成及反思能力的培养。师范生教育理念的养成是一个渐进的过程,绝非仅靠几门教育理论课程的学习就能达成的,更多依靠学生人文素养和教育素养的不断积累。以下就反思性实践者范式下的职前教师教育课程体系展开探讨。

(一)课程目标

通过职前教师教育课程的学习,师范生在认知、行为和情感方面应该发生哪些积极的变化,这是确定职前教师教育课程目标时必须认真考虑并予以明确界定的。从认知层面来看,通过职前教师教育课程的学习,使师范生自主生成现代教育理念。自主生成建立在师范生宽厚的人文素养和教育理论素养的基础上。从行为层面来看,职前教师教育课程重在培养师范生的教育实践能力及反思的能力和习惯,促进教育智慧的生长。从情感层面来看,职前教师教育课程应培养师范生从事教育教学工作的兴趣和愿望。以上三个层面的目标中,行为层面的目标是核心,因为认知层面和情感层面的目标是否达成,最后都只有在教育教学实践中才能得以检验和落实。

(二)课程结构

反思性实践者范式下的教师教育课程结构的确定主要表现在以下几个方面。

1.确定课程门类

要明确反思性实践者范式下的职前教师教育课程包括哪些要素,实际上就是要确定其门类。以教师职业胜任为本的功利化教师教育观念下注重的仅仅是师范生教育教学技能及方法的习得,因此注重本体性知识(学科知识)和条件性知识(教育职业知识、教育基础理论类知识)的学习与掌握。而以教师成长或持续发展为本的教师教育观念不仅注重教师基本职业胜任能力的培养,更着力于教师教育理念的养成、自我实现意识及能力的培养。实践导向的职前教师教育课程应包括所任教的学科专业类课程、教育素养类课程、教育实践类课程和人文生命素养类课程四大门类。其中,教育素养类课程、教育实践类课程和人文生命素养类课程这三类课程共同构成狭义的教师教育课程。

2.确定课程排列顺序

确定了反思性实践者范式下的职前教师教育课程由所任教的学科专业类课程、教育素养类课程、教育实践类课程和人文生命素养类课程这四大门类构成后,紧接着需要考虑的问题是这四大类课程顺序排列问题。个体的认识源于实践中获得的直接经验,因此对职前教师教育课程四大门类的安排总体来看宜采取建构模式,具体包括以下两大点。

(1)总体遵循个体认识从特殊到一般、从具体到抽象的顺序。从教育实践入手,既让学生具备一定的感性经验基础,又让学生在教育实践中产生一定的困惑,带着教育实践中的问题来学习,有助于学生产生建构教育理论知识的动机和建构的逻辑。

(2)四大类课程安排总体遵循理论与实践反复交替的原则。具体做法如下:第一,分散进行教育见习;第二,教育素养类课程的教学从大一下学期开始;第三,从大二开始,有计划地多次安排学生开展微格教学活动;第四,增加集中教育实习时间,可延长至一学期;第五,教育实习结束后,仍有 1~2 个学期的教育理论学习机会。

3.确定课程比重

确定四大门类课程在整个职前教师教育课程体系中分别占

多大比重。传统的职前教师教育课程体系中理论课的比例占80％～90％,实践课比例十分有限。反思性实践者范式下的职前教师教育课程强调师范生的教育教学实践体验,注重师范生对教育教学实践经验的反思。因此,不仅要求实践形式灵活多样,而且要求实践贯穿于整个师范学习的全程。

(三)课程内容的组织

传统的职前教师教育课程内容的组织采取单一的学科课程模式,在这种单一的课程组织模式下,学生学习的积极性不高,学习主动性也难以发挥。因此,反思职前教师教育课程,使职前教师教育课程变得丰富而又生动显得十分必要。除了前面谈到的课程门类及结构的变化,课程内容的组织形式及实施方法的变化也迫在眉睫。目前已有的课程内容组织模式可以概括为四种,即学科课程模式、活动课程模式、核心课程模式和工作任务模式,这四种课程模式提供了课程内容组织的四个基点:学科、兴趣、社会问题与工作任务。反思性实践者范式下的职前教师教育课程内容的组织采取其中的何种形式,都应根据各类课程在课程体系中的作用及具体课程内容的特点进行选择并确定。第一,所任教的学科专业类课程的内容采取学科课程的模式组织,并以学科课程的方式呈现。第二,教育素养类课程的内容采取工作任务模式组织,以模块课程的形式呈现。第三,人文生命素养类课程的内容采取核心课程模式组织,以模块课程的形式呈现。

(四)课程的实施

由教师教育类知识的性质所决定,任务教学和项目教学应成为反思性实践者范式下教师教育课程的主要实施方式。

教师职业所需的实践智慧在目前课堂去情境化的环境中无法生成,必须在学生完成实际相关的教育教学任务的过程中才可能得以增长。因此,任务教学和项目教学对增强师范生的教育教学实践能力,增长他们的教育教学实践智慧而言是必不可少的。

第三节　教师教育课程的合理设置

当前,高等师范院校如何在扩招的基础上提高师范生的专业素养,增强其就业竞争能力,满足基础教育对师资队伍的质量要求,已成为一个有待思考和解决的现实问题。要提高师范类学生的就业竞争力,其中一个重要的途径就是通过合理的课程设置,培养出高素质的师范毕业生。

一、调整课程结构比例

针对目前教师教育课程结构不尽合理的现状,要培养专业化的教师,必须调整课程结构,从专业化教师要求的知识结构出发,改革课程设置。第一,要从思想观念上充分认识到教学工作是一种培养人的工作,仅通晓一门学科并非就能成为该学科的好教师,教师的专业领域毕竟是教学而不是其任教的学科。第二,要加大教育专业理论课程比例,为深化传统课程和开辟新课程拓展适当的空间。第三,要完善专业化教师的知识结构。另外,大量开设选修课程,为实现专业化奠定良好的基础。

二、拓展课程类型

拓展课程类型是指在现有的封闭式理论课程的基础上,广泛地开设操作性课程和开放性课程(开放性课程指能够不断吸纳新知识、新信息的课程)。教师专业化不仅要求教师具有宽厚的教育基础理论,而且还要求教师具有包括教学、教育、诊断、评价和咨询方面的技能和技巧,而目前开设的学科教学法和现代教育技术课程远远满足不了教师专业化对师范生教育教学技能技巧的要求。因此，必须下大力气拓展操作课程。

三、整合课程内容

由于学科发展的高度分化和高度综合，学科专业之间的界限日趋模糊，这在客观上必然要求高等师范院校的课程改革也要顺应这一发展趋势才能培养出适应专业化需要的教师。高等师范院校课程内容的整合主要是指以下三个方面内容的整合：第一，教育专业课程与学科专业课程的整合；第二，加强教育专业课程的内部整合；第三，开设综合实践活动课程。

四、强化实践课程

教师职业是一种实践性很强的职业，它需要教师具有较强的教学实践能力。因此，要从思想上把实习基地的建设作为首要问题予以重视，更新教育实习观念，把师范院校、地方教育行政部门和实习学校通过政策协调，形成三位一体的长期合作关系。同时，规范教育实践课程，把学校组织的具有教育实践价值的活动纳入教学计划。

第四节 教师教育课程的改革探究

一、教师教育课程改革的任务

下面通过分析教师教育课程存在的问题以及对教师个体专业化的影响，探讨如何借鉴国际教师教育课程改革的经验，完成我国教师教育课程改革的任务。

(一)分析教师教育课程问题存在的症结

为提高师范生未来从教素质,人们总把改革的目光集中在高师课程体系的三大组成板块上,即普通教育类课程、学科专业类课程和教育类课程,尤其是把希望寄托在公共教育学和心理学的改革上,教育类课程没有得到应有的重视。教育类课程涉及指导思想、课程设置、教学内容、教学方法和手段、教师和学生等各方面的因素。因此,对教育类课程进行的改革是一个复杂的系统工程,在这各种因素相互交织的链条中,课程的重新构建是一个最重要的环节,应成为改革的新突破口。

(二)明确教育类课程的性质

长期以来,我国传统的教师职业观在人们的头脑中根深蒂固,认为教师是知识传递者的单面角色,认为"教师＝教学＝讲教科书＝辅导考试"。在这种观点的影响下,师范性课程就沦落到不为人重视的"公共课程"的地位,成为师范性的一种点缀,无法发挥其应有的作用。我们应该从教师专业性职业的角度来审视教师专业教育,改革高师课程体系,给教育类课程一个明确定位。随着教育科学研究的迅速发展,教育类课程成为专业课程。从此,它将不再是一般的公共课,不再局限于过去的"老三门",而由一系列目标具体明晰的心理学科、教育学科群组成。这样一方面新的教学目标自然要高于过去一般公共课的水准,教师就必须提高自己的教学水平;另一方面也有利于教师把自己的科研方向和所任教的课程有机地结合起来,以有价值的科研来促进教学水平的提高。同时,还可以有效地吸引资历较深的心理学、教育学专业教师任教教育类课程,优化教师资源。

(三)实现职前培养与职后培训一体化

师资的职前培养与职后进修培训长期以来被人为地分为两

个相对独立的体系：普通师范院校负责新教师的职前培养，各级教育学院、教师进修学校则负责职后培训工作，双方各司其职。教师职前培养与职后培训在教学水平上出现倒挂现象，造成教育资源存在一定的浪费。所以，职前教育与职后培训的一体化不仅符合未来终身教育与学习社会化的要求，更重要的是能充分发挥高等师范院校在师资培训中的优势和潜力，通过联合、合并、合作办学等多种形式加强职前培养与职后培训的联系。

（四）专业教育与通识教育相结合

我国高师教育自20世纪50年代始学习苏联，全面推行专业教育，形成了较为典型的传统的专业教育体制。在这种体制下，传统课程能使学生在较短时间内有可能接受文化科学的基本理论知识和技能，强化有目的、有计划、有组织的课程功能。缺点是忽视高师的培养目标，忽视学生在课程中的主体地位和作用，忽视学生的主动性和创造性，这很不利于复合型师资和人才的培养，不能适应素质教育和社会发展的需要。因此，我们应在准确理解培养目标的前提下，按照新课程改革的基本要求，改革高师院校教学内容和课程体系，进一步调整课程之间的比例，使之趋于合理。

（五）创新教师教育课程

概括起来说，我国现行的教师教育课程在结构及内容方面存在的问题主要集中在以下几点：课程门类少，学时少；在课程内容上重理论、轻应用，教育实践的机会短暂；课程内容陈旧、僵化；课程内容有重叠现象。针对这些弊端，我们需要进行改革和重构教师教育课程，必须从满足和提升教师专业化水平的角度来审视教育类课程的建设，对教师教育课程组成要素间的内在联系及功能进行全面系统的研究，既保持教育学科知识自身的内在逻辑关系和系统完整性，又强调课程设置的整体优化。

二、教师教育课程改革的基本思路

(一)教师教育课程改革的准备

教师教育课程改革要依据我国国情,有步骤、有计划地进行。

1.以社会经济、科技发展为基础

从历史发展的长河来看,教师教育制度的产生、发展乃至变革并不是随意的,而是有规律可循的,它受到社会物质文化条件的制约。20世纪中叶以后,以计算机为代表的现代科学技术不断发展,社会对劳动者的科学文化素养提出了更高的要求,相应地对教育、教师和教师教育提出了新的要求,要求教师成为一名专业人员。因此,要进行教师教育课程改革,应该要以当前的社会经济、科技发展为基础。

2.以终身教育思潮为理论支撑

终身教育以强调教育的连续性与终身性为主旨,认为教育应该是人一生中连续不断的学习过程,今后社会应当在人需要的时候,以最好的方式提供相应的教育。20世纪50年代以前很少有国家建立终身教育体系,但20世纪60年代以后,教师的终身教育,即继续教育在世界各国都迅速发展,成为21世纪教师教育课程改革与发展的重要趋向。

3.以国外教师教育课程改革为借鉴

当前,一些发达国家的师资培养已从完全由师范院校承担转向主要由普通大学承担,或两者共同承担,即师范教育制度由过去的"封闭型"发展为现在的"开放型"。但由于教师教育的培养目标始终未变——培养从事基础教育工作的高级专门人才,因此各国在教师教育课程设置上仍坚持"学术性与师范性和谐统一"

的原则,合理地确定课程的类别及其比例,这是值得我们借鉴的地方。

4.以国内基础教育课程改革为铺垫

当前,我国基础教育领域展开了新一轮的课程改革,并逐步由实验区向全国推广。我国新一轮基础教育课程改革将为教师的专业发展提供新的契机,同时对教师提出了新的要求和挑战。因此,教师教育课程改革也要考虑这个实际情况。

(二)教师教育课程改革的基本构想

推进教师教育一体化、建立开放的教师教育体系、改革教师教育课程和走向专业发展的教师继续教育,是世界教师教育课程改革的趋势,也是我国教师教育课程改革与发展的思路。

1.对基本的教师教育课程进行改革

(1)通识课程改革

高等师范通识课程的改革应该做到:一是增加通识课程的分量,扩大其在总课程中的比例;二是要调整课程设置,加强综合性课程的建设。

(2)学科专业课程改革

师范教育学科专业课程的改革,首先是调整课程结构;其次是调整学科内部专业课程,整合课程内容,增加综合课程的比例;最后是设置专业的主副修制或跨专业开设选修课程,培养复合型教师。

(3)教育专业课程改革

长期以来,我国教师教育一直重视学科专业课程,导致教育专业课程在学科结构中的比重逐步下降,这严重地制约了我国的教师专业化发展。因此,增设教育专业课程不仅是我国教师教育改革的需要,也是世界教师教育发展的必然趋势。

(4)教育实践课程改革

我国的教育实践课程不仅形式单一,而且时间较短。所以,改革高师教师教育课程,首先要重视实践课程,全面发挥教育实践在教师培养中的决定作用,其次要进一步加大实践课程的比重。

2.从学科分立到学科融合

基于实际情况和新课程改革的现实要求,我们提出教师教育课程体系的改革构想——从学科分立到学科融合。

学者朱天利等人设计了学科融合式教师教育课程体系结构(图4-1),采用这样的课程设计模式集中体现了"理论学习—教学活动—发现问题—系统反思"的总体改革意图。这样的设计可以有效地调动各类教育资源,以形成教师素质专业结构为主导目标,以教育实践活动为核心途径,以通识教育课程、专业基础课程、专业拓展课程、教师教育课程为主体教育内容,形成了网状的课程结构。

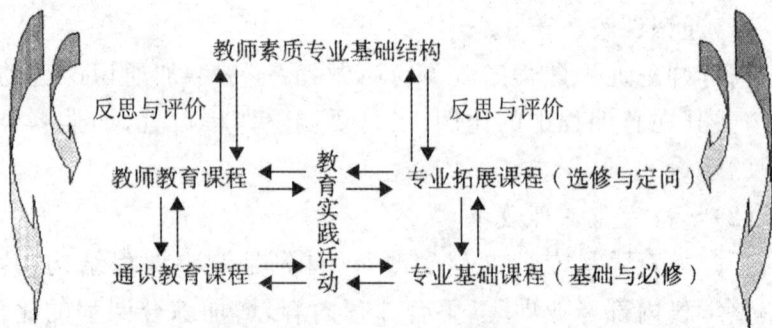

图4-1 学科融合式教师教育课程体系结构①

从结构上看,该课程体系结构最为突出之处就是实现了模块式课程架构,打通各类教师教育课程,形成课程网络。从内容上看,涉及了教育专业课、教育实践和技能课,涉及科学教育观、现代教学方法和教师教育规范的确立。从教学方式上看,教师教育

① 朱天利,单永志,邱九凤.新课改背景下教师教育课程改革的理论与应用[M].广州:广东高等教育出版社,2010:109.

可以采取分离式教学、研究性教学和以学生小组合作互助为特征的教育实践教学。

3.对教师教育课程提出新要求

根据教师专业化对教师教育提出的新要求,结合职前教师教育阶段的基本任务,这里提出对职前教师教育课程改革的几点要求。

(1)注重实践课程开发,加强教育实习,实现知识的整合。

(2)增进交流,加强写作,促进反思能力的提高。

(3)宽基础,广视角,培养学会学习能力,为终身学习奠定基础。

4.教师教育课程改革的基本策略

把教师教育作为一种边际性专业,我国教师教育课程的改革策略可以有以下三种选择。

(1)独立定向型教育学科专业课程结构的微调

我国教师培养是以独立定向的师范院校为主体的,在不改变独立定向性质的情况下,通过增加教育学科课程的门类和改善这些课程的质量来提高教师的专业化水平。这种课程模式发展的空间不大,所增加的课时不可能满足教师教育专业的要求。不过,在现行的体制下进行这样的改革是必要的,也是可行的。

(2)师范院校内部专业课程结构性改革

师范院校(包括教育学院)内部专业课程结构性改革可以有多种形式:本科"混合"式、本科"3+1"或"2+2"、本科"3+2"、教育硕士"4+1"或"4+2"。无论哪种形式,都需要在课程设计上以教师教育专业化为标准。

(3)建立开放型教师教育课程模式

开放型课程模式是指允许所有有资格的高等学校开设教育学院或教师教育学院,为所有愿意当教师的在读其他专业的学生或已经毕业于其他专业的人提供教育学科专业的课程,达到规定的教师教育课程学分和标准,就可以获得教师教育毕业证书和相应的学位。这种模式既可以充分发挥各院校学科专业的功能,也可以使教师教育专业化;既尊重学生个人的志愿,也满足社会对各种类型教师的需要。

第五章　职前培养：教师职前教育实践探究

教师职前教育实践是为教师从业做准备的，它既是教师从业的基础，也是教师终身发展的前提。通过参与教师职前教育实践，"准教师"能够掌握开展教育教学活动和班级管理所需的专门知识和能力，并促进自身的教学技能和教育素养不断提高，从而确保教育教学活动取得良好的成效。在本章中，将对教师职前教育实践的相关内容进行详细论述。

第一节　教师职前教育实践的意义及其存在问题

积极开展教师职前教育实践，对于确保"准教师"顺利进入工作岗位、有序开展工作具有重要的意义。因此，当前我国对教师职前教育实践予以了高度重视。但总体而言，在我国教师教育中，教师职前教育实践一直处于较为薄弱的环节，并且存在不少的问题，难以真正培养出适应时代需要、适应教育改革与发展需要的高质量的"准教师"。而要改变这种状况，一个重要的前提便是切实明确教师职前教育实践存在的问题。

一、教师职前教育实践的含义

教育实践是人们以一定的教育观念为基础而展开的，以人的培养为核心的各种行为和活动方式。而教师职前教育实践指的是"旨在使'准教师'获得实践性知识，培养和提高'准教师'教育教学实践能力的一切有计划、有组织的教学活动"。①

"准教师"参与教师职前教育实践，能够保证自己在进入教师岗位后成为工作态度端正、理论基础扎实、教育教学技能合格、个人素养较高的优秀教师，进而在教师岗位作出应有的贡献。

二、教师职前教育实践的意义

教师职前教育实践一般通过正规的师范院校或具备师资培训条件的院校进行，对于"准教师"的成长有着十分重要的意义。具体来说，教师职前教育实践的意义主要体现在以下几个方面。

（一）能够帮助"准教师"形成较为完善的知识结构

教师的知识结构主要是由专业知识、公共知识和实践知识构成的。其中，教师的实践知识是一种产生于特定情境的、个人化的、体验性的知识，是教师以教学情境为依据，运用自己已有的知识去解决实践问题的知识。教师拥有丰富的实践知识，在教育教学过程中遇到问题时，就能从多种视角对问题进行整体把握，并在洞察多种可能性的基础上，迅速做出较为正确的决策。因此，"准教师"在校期间的一个重要学习任务便是获得并不断增长自己的实践知识。

就我国当前教师教育的现状来说，"准教师"的实践知识主要是通过教师职前教育实践获得的。通过参与教育研习、教育见习、教育实习等多样化的教师职前教育实践活动，"准教师"的实践知识能够得到不断丰富与完善。

"准教师"在形成了较为丰富的实践知识后，能够进一步优化专业知识和公共知识，从而为其日后真正走上教师岗位奠定良好的知识基础。

---

① 刘维俭，王传金. 教师职前教育实践概论[M]. 南京：南京师范大学出版社，2006：14.

（二）能够提高"准教师"的教育教学能力

教育教学能力是教师的核心能力，因此提高教师的教育教学能力是教师管理的永恒主题。

所谓教师的教育教学能力，就是教师在教书育人过程中所必备的，随着从教时间的增加而发生质的动态变化的核心能力及其组合。教师的教育教学能力包含众多的内容，如全面了解和正确评价学生的能力、寓德育于教学之中的能力、正确分析和运用教材的能力、进行课堂教学设计的能力、组织教学活动的能力、教师身教的能力、处理学生问题的能力等。

教师的教育教学能力形成于教育教学实践。教育教学实践不仅是教师师德、文化知识、学科理论、教育理论、教育技能的综合运用，更是对教师教育教学能力的实际检验。教师的学科知识和教育知识只有通过实践才能转化为教师的教育教学能力。因此，要想提高"准教师"的教育教学能力，必须重视教师职前教育实践。

（三）能够促进"准教师"的专业发展

教师的专业发展始于职前教育阶段，后经导入教育阶段而进入在职教育阶段，形成一个连续体。只有在职前教育阶段奠定专业发展的基础，才能将专业发展落实于教师的职业生涯。

"准教师"通过参与教师职前教育实践，能够系统地研究教育教学情境，反省自己的教育教学行为，反思各种教育教学情境脉络，从而促进自身的专业发展。

（四）能够帮助"准教师"更快地适应教师岗位

教育教学是一项极其复杂的工作，并且在很多时候是十分枯燥的。"准教师"已经对教育教学有了初步的认识，但对教育教学复杂性的认识大多是肤浅的，还往往想当然地认为教育教学是一项有趣的工作。因此，当"准教师"正式进入教师岗位后，会发现他们原有的各种幻想、乐观态度,富有的理想、新奇感,拥有的信念、知识、价值观和有限的技能很容易在复杂多变的教育情境中受到冲击和挑战,而且仅仅依靠自己所拥有的理论知识和有限的教育教学技能是难以有效解决复杂的教育教学实际问题的。如此一来,新教师便会感到压力很大,继而产生紧张、焦虑等消极情绪,甚至担心自己能否在教师岗位中生存下来。不过,随着教育教学经验的不断增加,大多数新教师能够逐渐适应教师岗位,甚至能够忽视或打破一些规则,开始依据具体情况来指导行为,教育教学行为开始变得灵活自如,对自己的教育教学也逐渐有了自信。

通过上面的论述可以知道,"准教师"在进入教师岗位后,会经历一个入职适应期。而要缩短"准教师"的入职适应期,就需要进行教师职前教育实践活动,以便帮助"准教师"在更多地了解教育教学实际的同时,不断提高自己的教育教学实践能力。

(五)能够帮助"准教师"为教育事业作出更大的贡献

教师职前教育实践能够帮助"准教师"加深对教育教学的认识,增强教育责任感,从而在日后全身心地投入到教育教学的工作中,为教育事业的发展贡献自己的力量。

三、教师职前教育实践存在的问题

对当前我国教师职前教育实践的实施情况进行分析可以发现,教师职前教育实践已取得了一定的成就,如教师职前教育实践涉及的范围越来越广、越来越多的教师在上岗之前有机会接受职前培训、教师职前教育实践的基地不断增多等。但是,我国当前的教师职前教育实践也存在着一些问题,制约了教师职前教育实践的实施效果。具体来说,教师职前教育实践存在的问题主要有以下几个。

(一)教师职前教育实践的理念滞后

当前,我国教师职前教育实践的理念是较为滞后的,最鲜明的表现就是用传统师范教育的思维做着教师职前教育实践的事,如"准教师"的教育实习基本上是一次性、终结性的,并且多安排在最后一个学期。在这种滞后理念的影响下,教师职前教育实践成了师范院校理论知识传授的附属物和次要品,难以取得应有的成效。因此,必须要重视更新我国教师职前教育实践的理念。

(二)教师职前教育实践的评价机制不够完善

对教师职前教育实践的效果进行科学评价,是教师职前教育实践实施过程中的一个重要环节。我国现行的教师职前教育实践评价较多关注的仍然是个体的实践成绩,对于个体更深层次的能力、动机、态度等内容的关注不够。这就导致不少"准教师"在参与教师职前教育实践时,仅仅关心自己最终的成绩,对实践的过程则未予以足够重视。要改变这一现状,必须要以教育改革的实际、教师职前教育实践的目的等为依据,制订明确、具体,具有可操作性的评价标准。

(三)教师职前教育实践的效度不够

对当前我国教师职前教育实践的效果进行分析可以发现,其存在明显的效度不够问题,具体表现在以下几个方面。

第一,各院校对教师职前教育实践的重视程度不够,如在教师职前教育实践方面的投入比较少,相关的软硬件设施比较缺乏;安排的职前教育实践课时偏少等。

第二,各院校在开展教师职前教育实践时,主要是安排"准教师"到中小学听听课,回来讨论一下就完事,对于实践的目的、内容以及最终的结果等则不够重视等。

第三,大多数院校的教师职前教育实践的活动形式是比较单一的,仅限于教育实习和教育见习,"准教师"难以真正将所学的理论知识与教育实际相结合。

第四,教师职前教育实践对"准教师"责任感的培养力度不够,从而导致不少"准教师"对自己未来应该承担的职业责任缺乏认知。这就导致"准教师"在进入岗位且面对工作中出现的新问题时,很容易出现缺乏责任感,甚至逃避责任的现象。

第五,一名出色的教师,既应教好学科课程,也应做好班级管理工作。因此,提高"准教师"的班级管理技能是教师职前教育实践的一项重要内容。但是,教师职前教育实践对"准教师"班级管理技能的训练不到位,导致"准教师"的班级管理能力较差。这不仅会使"准教师"所带的班级出现较多的问题,而且会引发部分学生和家长的不满。

因此,在今后开展教师职前教育实践时,要注意针对以上问题采取有效的应对措施,以便不断提高教师职前教育实践的效度。

(四)教师职前教育实践的过程监控不力

教师职前教育实践活动与传授理论知识的课堂教学相比,存在明显的过程监控不力问题。比如,在"准教师"进行教育见习、教育实习时,虽然大学和中小学均指派了指导教师,但一名教师往往指导十几名甚至几十名"准教师",谈不上对"准教师"的真正指导。此外,在开展教师评价时,未将指导教师的工作考评纳入考评体系,从而导致许多教师不重视教育见习、教育实习的指导工作。如此一来,"准教师"在教师职前教育实践活动中便无法掌握有效的教育教学基本技能,真正进入教师岗位后也会面临众多困难。因此,今后必须要加强对教师职前教育实践过程的监控,确保指导教师能够充分发挥自己的指导作用。

第二节　教师职前教育实践的主要形式

就当前来说,教师职前教育实践的形式主要有教育研习、教育见习和教育实习三种。

一、教育研习

所谓教育研习,就是"职前教师/师范生在其整个培养过程中对他人或自己的教学实践行动所进行的研究"。[①] 教育研习不是一蹴而就的,需要长期付出努力。此外,从本质上来说,教育研习是一种以实践为基础、以研究为主要特点的学习活动,即在实践中研究、在研究中实践。

(一)教育研习的重要性

教育研习的重要性主要是通过以下两个方面表现出来的。

1.能够促进师范生的专业化发展

教育研习是一项具有很强的实践性和研究性的活动,能够在很大程度上促进师范生的专业化发展。具体来看,教育研习对师范生专业化发展的促进作用主要表现在以下几个方面。

第一,教育研习有助于师范生拓宽自己的知识面,并进一步加深对所学理论知识的理解。

第二,教育研习有助于师范生提高自己的反思能力和研究能力。

第三,教育研习有助于师范生教育实践能力的提高。

第四,教育研习有助于培养师范生的社会交往能力。

2.能够促进教师职前教育课程体系的完善

在教师职前教育课程中增设能够使教师职前理论教学与实践教学有机地融合在一起的教育研习,将能够在一定程度上改变教师职前教育课程中理论教学占据主导地位、实践课程的总量偏低的问题,从而促使教师职前教育课程体系得到一定的完善。

---

① 罗毅.职前英语教师专业发展研究——教育研习视角[M].武汉:华中科技大学出版社,2016:27.

（二）教育研习的特征

教育研习与教育见习、教育实习相比，有着自身鲜明的特征，具体表现在以下几个方面。

1. 研究性

教育研习是在对教育问题进行观察、收集、审视和筛选的基础上，使之成为研究课题，并在理论指导下提出解决问题方案，用实践加以检验，达到解决问题的目的。因此，对于教育研习来说，其最为本质的特征便是研究性。

2. 连续性

教育研习的连续性特征指的是教育研习会贯穿师范生整个受教育的过程，而不是仅仅存在于某一教育阶段。

3. 关联性

教育研习的关联性特征指的是教育研习活动的开展情况将直接影响师范生的综合素质，并在很大程度上决定着师范生是否具备成为研究型教师的潜能。

4. 统领性

教育研习的统领性特征指的是在教育课程的学习和实践中，要始终坚持以教育研习为主线，并以研究的视野来开展教育实践活动，从而培养师范生的研究意识和发现问题、解决问题的能力。

5. 系统性

系统性特征指的是教育研习是由众多内容构成的有机整体，其研究范围涉及学生的教育信念、职业意识、专业发展意识、教学策略与方法、中小学教学理念、教育政策、中小学教育教学状况以及具体的语言知识、语言技能、情感态度、文化意识、学习策略的教学问题等。

（三）教育研习的任务

教育研习的任务具体来说有以下几个。

第一，引导师范生对中小学的教育教学工作进行全面、深入的了解，包括中小学教育教学工作的主要环节，中小学新课程改革的目标、内容与最新动态等。

第二，培养师范生初步的教育科研能力，包括懂得使用教育科研的方法、掌握教学研究的一般程序和规范、能够在教师指导下开展一些初步的教育教学课题研究等。

第三，丰富和完善师范生要成为合格的教师所应具备的理论性知识和实践性知识。

第四，促进师范生教育教学实践能力的不断提升。

（四）教育研习的内容

教育研习涉及的内容有很多，其中较为重要的有以下几个。

第一，研习新课程标准，包括新课程标准的意义、基本结构、功能、内容、与教材之间关系等。

第二，研习新课程标准的教材，包括新教材的特点、结构、内容以及版本等。

第三，研习课堂教学技能，包括课程开发技能、讲解技能、提问技能、学习指导技能、教学评价技能、人际交往技能、课堂管理技能、教学设计技能等。

第四，研习教育科研方法，主要包括两方面的内容：一是如何对课题进行研究，二是如何撰写研究报告。

第五，研习班队工作技能，即在对中小学生的年龄特点以及班队工作理念进行充分了解与准确把握的基础上，通过参与现实的或模仿的班队活动，获得与班队工作相关的技能。

第六，研习教育热点问题，要在对教育热点问题进行深入分析的基础上，找出原因并尝试提出解决的策略。

（五）教育研习的方法

教育研习的方法有很多，大致来说可以分为以下几类。

第一，专题研究法，即师范生按照学校的统一要求，结合自己的兴趣爱好，对有关的教育理论和实践问题进行专题式的研究，在研究的过程中掌握解决问题的方法，形成正确的教育观念，从而为教育实践提供理论的支撑。文献研究法、观察研究法、调查研究法等都是进行专题研究时比较常用的研究方法。

第二，教育实验法，即教育研究人员根据研究目的，选择研究对象，主动操纵试验条件，人为地创设或改变教育条件，控制其他因素的作用，观察、测量试验对象的变化，揭示教育现象之间的因果关系的一种科学研究方法。

第三，行动研究法，即有计划、有步骤地研究教育实践中产生的问题，边研究边行动，以解决实际问题为目的的一种科学研究方法。

二、教育见习

教育见习是高等师范院校各专业培养方案的重要组成内容，是理论联系实际的过程。对于师范生而言，教育见习是其形成实践性知识的至关重要的一环。因此，在开展教师职前教育实践时，教育见习也是不可忽视的一个方面。

（一）教育见习的重要性

对于师范生而言，参与教育见习有着十分重要的意义，具体表现在以下几个方面。

1.能够帮助师范生更好地学习和理解知识

对于师范生来说，教育见习仍然是一个学习和理解知识的过程。在这一过程中，师范生通过听、看、问、想、做等途径，能够对教育教学规律、教育教学工作、班主任工作等有进一步的理解，便能够将所学的理论知识与实际的教育教学结合起来，在认识上经历一个从理论到实践，再从实践到理论的过程，从而为今后的教育教学工作奠定知识基础。

2.能够帮助师范生提高自己的教育教学能力

教师是一个特殊的专业，除了要具备扎实的基础知识，还应具备良好的教育教学能力。师范生在参与教育见习的过程中，其教育教学能力能够得到不断提高。具体来看，师范生在教育见习过程中，通过与指导教师、学生等的互动，可以对自己的学科专业知识、教学技能与教育能力等进行检验，从而发现自己的教育教学能力与合格教师的差距，并积极进行改善。如此一来，师范生的教育教学能力就能得到不断提高。

3.能够帮助师范生坚定职业理想

师范生在参与教育见习活动时，能够感受到师德的魅力以及教师的敬业精神，这有助于其重视自身教师职业道德的养成。在此基础上，师范生便能明确自身所应承担的社会责任，从而坚定自己的职业理想。

（二）教育见习的任务

教育见习的任务具体来说有以下几个。

第一，引导师范生对教学工作形成明确的认知，这对于师范生教育教学能力的提升具有重要的作用。

第二，帮助师范生积累班级管理工作的经验，这对于师范生积累全面的教育教学经验具有重要作用。

第三，引导师范生了解教师专业发展的途径，这有助于师范生初步了解其日后将要从事的职业的基本发展空间和途径，从而更加坚定从事教师专业的信心。

第四，帮助师范生了解现代教育技术与方法（如微格教学等)在实际教育教学中的应用,从而确保师范生的教育教学方法与手段等紧跟时代发展的趋势,推动教育教学不断取得良好的成效。

第五,帮助师范生拓展专业知识的应用渠道,加强对教育理论的学习,从而为接下来的教育实习做好准备。

(三)教育见习的内容

教育见习涉及的内容有很多,其中较为重要的有以下几个。

1.教学工作见习

在教育见习中,教学工作见习可以说是最为重要的一项内容。因此,师范生在参与教育见习时,应将大量的时间用于见习教学工作中。而教学工作见习的内容具体来说有以下几个。

(1)见习任课教师的备课

一堂课的开展情况,与教师的备课情况有着十分密切的关系。因此,师范生在参与教学工作见习时,必须重视见习任课教师的备课。在这一过程中,师范生应特别注意以下几个方面。

第一,观察任课教师是如何研究课程标准,如何体现课程标准作为最低教学要求的作用,如何贯彻课程标准所规定的课程性质、基本理念、评价原则等要求的。

第二,观察任课教师是如何研究教材,并在教材研究的基础上合理确定教学目标、教学方法、教学重难点及合理开发与利用教学资源的。

第三,观察任课教师是如何对学情进行了解的,以及了解学情的过程中应注意哪些问题。

第四,观察任课教师是如何编写教案来引导学生有效学习的。

(2)见习任课教师的教学设计

教学设计指的是教师为达成一定教学目标,对教学活动进行的系统规划、安排与决策。师范生在参与教学工作见习时,任课教师的教学设计也是一项重要的内容。师范生在见习任课教师的教学设计时,应特别注意以下几个方面。

第一,见习任课教师是如何在综合考虑教学的各种影响因素的基础上对教学目标进行设计的。

第二,见习任课教师是如何对重视培养学生的独立思考和发展能力的教学过程进行设计的。

第三,见习任课教师是如何依据教学、学生以及自身的实际状况对教学策略进行设计的。

第四,见习任课教师是如何对教学原则(如直观性原则、系统性原则、教师主导作用和学生主体作用相统一原则等)进行贯彻的。

第五,见习任课教师是如何以教学内容为依据对教学方法进行设计的。

第六,见习任课教师是如何在课堂教学中实践现代课堂教学基本理念的。这里所说的现代课堂教学基本理念就是强调教学着眼于学生的成长和可持续发展的理念。其主要包括三个方面的内容:一是以学生发展为本位的教育价值观;二是注重学生全面发展,同时承认学生间存在个体差异的教学过程观;三是着眼于学生成长的教学质量观。师范生在参与教学工作见习时,要学习任课教师的教育行为、教育措施是如何落实现代课堂教学的基本理念的,体会任课教师在进行课堂教学时所使用的语言、所设计的教学措施、所安排的教学环节等方面对现代教学理念的贯彻情况。

第七,见习任课教师是如何使用教学方法的。这里说的教学方法包括讲授法、谈话法、讨论法、读书指导法、演示法、发现法、自主探究法等。师范生在参与教学工作见习时,要学习任课教师是如何综合考量教学的影响因素而选择最为恰当的教学方法并将其有效贯彻到教学过程中的。

第八,见习任课教师是如何运用教学技能和教学技巧的。教学技能对于教师来讲是应有的基本功,而教学技巧的使用对于教师来讲同样也是极为重要的。因此,师范生在参与教学工作见习时,也要注意见习任课教师是如何运用教学技能和教学技巧的。

第九,见习任课教师是如何规范教学礼仪的。教学礼仪就是以教师个人礼仪为支点,以关心、尊重学生为核心,来建构一种和谐的教学氛围,以此激发学生的积极性、创造性。因此,师范生在参与教学工作见习时,任课教师的教学礼仪也是一项重要的见习内容,包括任课教师的课前礼仪、教学对话礼仪、教学体态语等。

2. 班主任工作见习

师范生在参与班主任工作见习时,应特别注意以下几个方面的内容。

第一,师范生要明确班主任是如何进行班级建设、制度建设和班级日常管理的。

第二,师范生要观察和分析班主任工作的基本方法及其最终成效。

第三,师范生要尽可能地接触学生,了解学生对班主任工作方法的看法,并将自己的观察和学生的看法结合起来,整理出自己的心得体会。

第四,师范生要深入体会做班主任所需要的知识和人格修养等。

第五,师范生要了解和把握成为一名合格的班主任应具备的形象和行为标准。

3. 教研活动见习

教研活动是教师专业发展必不可少的一个环节,也是学校中教师日常活动的重要组成部分。师范生通过参与教研活动见习,可以了解当下教育实践中任课教师对一些现代教育理论新观点的理解程度,从而使自己能够从新的视角对教育实践背后的教育理论进行重新了解。具体来说,师范生在参与教研活动见习时,应特别注意以下几个方面的内容。

第一,要见习教研组是如何组织教师学习课程标准、研究教材的。

第二,要见习教研组是如何开展教学专题研究活动和经验交流的。

第三,要见习教研组是如何进行校本课程开发和校本教研的。

(四)教育见习的准备

师范生在参与教育见习时,要想取得良好的成效,必须做好多方面的准备工作,具体内容如下所述。

第一,组织准备。该项准备主要包括以下几方面的内容:一是成立强有力的教育见习领导组织,二是选择稳固、适宜的教育见习基地,三是制订科学、合理的教育见习条例与工作计划。

第二,思想准备。该项准备主要包括以下几方面的内容:一是明确参加教育见习的目的以及见习的内容,二是明确是否已经为教育见习做好了准备以及是否制订了个人见习计划,三是明确如何将自己所学的知识应用到教育见习中,四是明确要成功地完成教育见习自己应该主动做些什么。

第三,学识准备。师范生在见习前应根据专业特点和见习学校具体情况做好相应的学识准备。所谓学识准备,是熟悉相关教材,初步了解教学目标、知识点、重点和难点。

第四,物质准备。见习前的物质准备要在指导教师的指导下,根据小组、个人和见习学校的实际需要,有目的、有重点地进行,并尽可能做到少而精、少而全和"物尽其力"。准备工作力求发扬集体协作精神,相互帮助、相互配合,对原有物质基础较差的同学,应重点帮助,消除他们的思想顾虑,增强其信心。

三、教育实习

教育实习是师范教育的有机组成部分,是培养合格师资、贯彻理论联系实际原则、实现师范学校人才培养目标不可缺少的重要教学环节。因此,在开展教师职前教育实践时,必须重视教育实习。

(一)教育实习的重要性

对于师范生而言,参与教育实习有着十分重要的意义,具体表现在以下几个方面。

1.能够促进师范生坚持教师职业理想

师范生的教师职业理想会在很大程度上影响其如何看待教师职业。因此,十分有必要帮助师范生形成正确的教师职业理想。

教育实习是对师范生的教师职业理想进行巩固的一个有效途径。具体来看,师范生在参与教育实习的过程中,能够真实地感受教师职业,明确自身承担的重任,从而产生献身教育事业的使命感。如此一来,师范生在未来走上教师岗位后,就能高度认同这一职业,并切实承担这一职业的使命。

2.能够帮助师范生巩固所学的理论知识

对于师范生来说,教育实习是一种重要的学习途径。在教育实习过程中,师范生能够将理论学习过渡到具体实践,并在理论知识的应用中拓展、加深对理论的认识。

3.能够提高师范生从事教育教学的独立工作能力

教育实习能够提高师范生从事教育教学的独立工作能力,这主要是通过以下几个方面表现出来的。

第一，教育实习能够帮助师范生积累教育教学的经验。

第二，教育实习能够帮助师范生培养自己的团队意识和团队合作能力，使师范生学会如何与其他教师相处。

第三，教育实习能够帮助师范生学会处理各种关系的基本方法，这对于教育教学活动的顺利开展有重要作用。

4.能够帮助师范生完善自己的教育教学技能

教育实习过程是对实习师范生教育教学技能的一次检测，实习师范生从中可以发现自己在技能方面的不足，并有针对性地进行完善。如此一来，师范生在真正走上教师岗位后，便能更好地开展教育教学活动。

5.能够促进师范生教育研究能力的提高

一名合格的教师除必须具备良好的教育教学工作能力，还必须具备教育教学研究的能力。对于师范生来说，教育实习是其提高自身教育研究能力的一个重要途径。在教育实习过程中，师范生完全有条件开展教育调查并进行研究整理，撰写出具有一定水平的调查报告和教研论文，以此提高自己的教育教学研究能力。

(二)教育实习的目的

教育实习是师范生必经的实践教学环节，通过教育实习可实现以下目的。

第一，帮助师范生依据课程标准，运用专业知识与技能开展学科教学，并在教学中巩固、丰富专业知识与技能。

第二，帮助师范生理解、掌握不同阶段教育对象的身心发展特点，积累班级管理的实践经验。

第三，帮助师范生提高自己教育教学的综合能力，包括从事教育教学的独立工作能力、发现和研究教育教学问题的能力、处理学生冲突的能力、沟通交流的能力、教学反思的能力等。

第四，帮助师范生获得正确的教师职业发展道路的相关知识。

第五，帮助师范生形成良好的教师职业道德与责任心，使其真正热爱教育教学工作，热爱学生。

（三）教育实习的任务

教育实习的目的是要通过这种学习方式来增长师范生的实践性知识，丰富他们的教育教学经验，完善他们的专业知识结构，为他们在专业发展的道路上奠定扎实的基础。为实现这一目的，教育实习为师范生设定了以下几项任务。

1. 教学工作实习

教学工作实习是教育实习的核心，主要包括以下几个方面的内容。

第一，备课实习。师范生在参与备课实习时，应在指导教师和原任课教师指导下，认真细致地钻研课程标准与教材；应全面、客观地了解学生；应以教材内容和学生特点为依据，编制科学的教案或教学设计；应在课前进行试讲，以保证课堂教学的顺利进行。

第二，上课实习。师范生在参与上课实习时，应认真做好上课前的一切准备工作，包括教学用具准备和精神准备；应尽可能多上课，既要在教师的指导下上课，也要尝试独立上课；应尝试用不同的课型开展课堂教学活动；应做好课堂教学组织工作；应综合运用各种教学技能进行课堂教学等。

第三，听评课实习。师范生在参与听评课实习时，应认真听实习学校教师的课，尤其是原任课指导教师的课，并积极参加课后的评课研究活动，以发现自己教学中存在的问题并进行纠正，从而切实提高自己的教学水平。

第四，作业、考试与辅导实习。在开展这些实习活动中，师范生应精心选择并设计课内外作业、认真布置和批改作业、做好作业讲评工作、有针对性地对学生进行辅导、协助原任课教师做好评阅试卷工作等。

2.班主任工作实习

师范生在参与班主任工作实习时,应特别注意以下几个方面。

第一,要了解班主任在学校工作中的地位和作用。

第二,要熟悉班主任工作的基本内容和特点。

第三,要掌握班主任工作的科学方法。

第四,要学会正确履行班主任的职责。

第五,要学会独立开展班主任工作。

3.教育教学调查与研究实习

教育教学调查与研究实习也是开展师范生教育实习的一项重要任务。因此,师范生在做好教学和班主任工作的同时,应安排一定的时间进行教育教学调查研究,锻炼自身调查研究和教育科研能力。

(四)教育实习的准备

师范生在参与教育实习时,要想取得良好的成效,必须做好多方面的准备工作,具体内容如下所述。

第一,物质准备,其应在充分了解实习学校的基础上进行,由于教育实习通常安排在秋季期,因此实习师范生应该准备好过冬的衣物与床上用品。如果实习学校不能提供电脑,建议实习师范生自己带上电脑,以方便备课和查找资料。如果没有网络,找资料不太方便,则建议尽量多带参考资料。关于日常用品,可以到实习地购买,以减少行李搬运的麻烦。

第二,思想准备,包括充分认识教育实习的意义,充分认识学生与教师的双重角色,树立团队意识,形成守时、守信、守纪、守法的良好习惯,做好吃苦耐劳的准备等。

第三,教学工作准备,包括与备课有关的知识准备、与教学有关的技能准备以及校内试讲准备。

第四,班主任工作准备,主要包括学会与人沟通、掌握班主任工作所需的知识与方法两个方面。

第三节　教师职前教育实践基地的选择与建设

师范生是未来的人民教师,他们的综合素质如何,既关系到自身的生存与发展,也关系到我国未来教育的质量与水平,还关系到整个国家的整体素质以及现代化建设的进程。因此,必须重视对师范生的职前教育,提高职前教育实践的质量。而要提高职前教育实践的质量,必须加强稳固的教育实践基地的建设。

一、教师职前教育实践基地的选择

教师职前教育实践基地不是一般的实践场所,而是师范生接受锻炼、运用知识、获取知识、培养能力、提高各方面素质的场所。这就决定了师范院校在选择职前教育实践基地时,必须慎重对待、统筹考虑,以确保职前教育实践质量能够得到保证和提高。

(一)教师职前教育实践基地选择的原则

师范院校在选择职前教育实践基地时需要遵循一定的原则,较为重要的有以下几个。

1. 质量性原则

质量性原则指的是师范院校在选择职前教育实践基地时,要充分考虑基地学校的办学质量。在可能的情况下,师范院校应优先安排师范生到重点学校参加职前教育实践。这是因为重点学校大都有着较为悠久的历史、较大的学校规模、较为雄厚的师资力量、较为先进的教学设施和良好的学风、校风等,师范生在这样的学校中进行职前教育实践，既能够学到先进的教育教学理念，又能够学到丰富的教育教学技能与经验，继而帮助自己成长为优秀的教师。

2.关联性原则

关联性指的是"系统与其子系统之间、系统内部各子系统之间和系统与环境之间的相互作用、相互依存和相互关系"。[①] 教师职前教育实践基地选择的关联性原则就是师范院校在选择职前教育实践基地时，要充分考虑以下几个方面。

第一，所选择的职前教育实践基地必须要与师范生的所学专业具有关联性。

第二，师范生在参与职前教育实践时能否将理论知识与实践活动紧密地联系起来，将书本知识与实践技能有机衔接。

第三，所选择的职前教育实践基地能否充分调动与实践教学有关联的各方力量（如学校任课教师、基地实践指导教师、学校团体工作者、学生等）参与到实践教学中来。

3.长效性原则

职前教育实践基地选择的长效性原则主要包括以下几个方面的内容。

第一，师范院校在选择了合适的职前教育实践基地后，要注意与职前教育实践基地建立起比较稳定的关系，形成实践教学长效机制。

第二，师范院校要注意对设备齐全、规模较大、知名度较高、管理规范及学生感到学习效果较好的职前教育实践基地给予重点建设，以不断提高职前教育实践的质量。

第三，师范院校要注意通过跟踪师范生的职前教育实践状况以及指导教师的工作开展情况等，对职前教育实践基地存在的问

---

① 杨德敏.大学生就业促进法律机制研究［M］.北京：知识产权出版社，2013：182.

题予以解决,以促进职前教育实践基地的可持续发展。

4.经济性原则

经济性原则指的是师范院校在选择职前教育实践基地时,要充分考虑自身的办学经费以及职前教育实践基地建设的成本和效益。为此,师范院校在安排师范生参加职前教育实践时,要注意远近结合、恰当布点,以便在减少职前教育实践基地建设成本的同时,便于对职前教育实践基地进行使用和管理。

(二)教师职前教育实践基地选择的要求

职前教育实践基地的选择情况将直接影响到教师职前教育实践的质量。因此,师范院校在选择职前教育实践基地时,除了要遵循以上几个原则,还要尽可能满足以下几个方面的要求。

1.教师职前教育实践基地要有明确的教育目的

教育目的规定了人才培养的质量规格,教育工作者只有对教育目的进行全面、深刻的理解,才能增强教育工作的自觉性和科学预见性。职前教育实践基地只有具备明确的教育目的,才能给师范生更多的正面熏陶和教育,使他们在未来的实际工作中能够树立正确的教育思想,准确把握教育的目的,有效贯彻党和国家的教育方针与政策,从而为教育事业的发展作出更大的贡献。

2.教师职前教育实践基地的领导要高度重视教育实践工作

教师职前教育实践基地的领导对待教育实践工作的态度会直接影响到教师职前教育实践的质量。因此,师范院校在选择职前教育实践基地时,要充分考虑职前教育实践基地领导对于教育实践工作的态度。

3.教师职前教育实践基地要有良好的教学管理环境

让师范生参与职前教育实践不仅仅是为了提高师范生的教

学技能,更重要的是对师范生的专业思想、道德素质等方面进行全面检阅,从而在提高师范生整体素质的同时,使其掌握先进的管理理念、科学的管理手段和规范的管理方法,从而为日后开展班级管理和学生管理工作奠定良好的基础。

4.教师职前教育实践基地要有较为完备的教学手段

师范院校在选择职前教育实践基地时,教学手段也应纳入考虑的范围。这是因为,职前教育实践基地只有具备现代化的教学手段,才能使师范生将在师范院校所掌握的教学手段实际运用到实践中,从而帮助师范生不断丰富和巩固自己的教学手段。

5.教师职前教育实践基地要有一支高素质的师资队伍

师范生在参与职前教育实践时,离不开指导教师的帮助。因此,师范院校在选择职前教育实践基地时,也要充分考虑教育实践基地是否具备一支高素质的师资队伍以及教师能否认真、负责地指导师范生的教育实践。

6.教师职前教育实践基地要有便利的交通条件

师范院校在选择职前教育实践基地时,交通条件是必须要予以考虑的。师范院校选择交通条件便利的职前教育实践基地既可以节省职前教育实践的经费开支,也方便对职前教育实践的开展情况进行监督,以确保职前教育实践取得良好的成效。

7.教师职前教育实践基地要有一定的办学规模

师范院校在选择职前教育实践基地时,要充分考虑办学规模这一因素。通常来说,办学规模比较大的学校会具有良好的办学条件、比较丰富的办学经验和较强的师资力量,从而能够确保师范生的职前教育实践取得良好的成效。此外,办学规模比较大的学校通常能够接受比较多的师范生,这对于师范院校委派实践指导教师、监督职前教育实践的开展情况等都具有积极的意义。

8.教师职前教育实践基地要有较好的后勤保障

师范生在职前教育实践基地进行教育实践时,食宿问题、安全保障问题、教学办公条件问题等都是需要考虑的。而要有效地解决这些问题,就需要教师职前教育实践基地有较好的后勤保障。

二、教师职前教育实践基地的建设

教师职前教育实践要想顺利开展,最为关键的是建设良好的教师职前教育实践基地。因此,师范院校必须重视职前教育实践基地的建设。

(一)教师职前教育实践基地建设的原则

教师职前教育实践基地的建设要想达到合理的期望值,就需要在建设过程中遵循以下几个原则。

1.客观性原则

客观性原则指的是在建设教师职前教育实践基地时,要特别注意以下两个方面。

第一,师范院校职前教育实践基地的建设是一项十分复杂的基础工程,会涉及学校与社会两个方面。因此,在具体的建设过程中,要注意面向实际,从学校与当地的实际出发,整体规划,统筹安排。只有这样,才能确保所建设的教师职前教育实践基地发挥最大的作用。

第二,师范院校在建设职前教育实践基地时,要量力而行。职前教育实践基地的建设需要有大量的资金和物力作支持,而当前的师范院校大都财力紧张,要想以较少的资金来建设高标准且完善的职前教育实践基地是不现实的。因此,师范院校在建设职前教育实践基地时，必须充分考虑自身的财政状况。

2.互谅性原则

在建设教师职前教育实践基地时，互谅性原则是必须要遵循的，具体表现在以下两个方面。

第一，师范院校的职前教育实践基地主要是中小学校，而当前在对中小学校的办学质量以及中小学教师的教学水平进行衡量时，升学率仍然是一个十分重要的评判标准。当师范生进入基地学校进行职前教育实践时，不可避免地会对基地学校的教学和管理带来一定的冲击和负担。对于这一现实，师范院校应有清醒的认知，并积极采取有效的措施将这种负面影响降到最低。

第二，师范院校在目前建设教师职前教育实践基地时，由于受到各方条件的限制，只能以中小学校为主。对此，基地学校也要有明确的认知，并要进一步认识到支持师范院校的职前教育实践实际上就是为了完善自我，是为自身师资的储备和发展创造条件。因此，基地学校要积极配合师范院校的教师职前教育实践基地建设，并在可能的情况下主动放弃一些要求。

3.互利性原则

互利性原则指的是在建设教师职前教育实践基地时，要尽可能确保师范院校和基地学校都能获得较多的收益。在建设职前教育实践基地时，如果师范院校只考虑解决自己的实际困难，而不考虑基地学校的利益，那就难以调动基地学校的积极性；如果基地学校只想从师范院校得到某种优惠，而不愿为教育实践承担更多的义务，那么师范院校就失去了建设职前教育实践基地的意义。因此，在建设职前教育实践基地时，师范院校和基地学校要切实遵守互利性原则，将支持师范院校职前教育实践和帮助基地学校解决一些实际问题看作一种应尽义务。只有这样，师范院校和基地学校才能实现"双赢"，并确保职前教育实践取得良好的成效。

4.合作性原则

合作性原则指的是师范院校在建设教师职前教育实践基地时,要尽可能采取共建合作的方式。这既可以在减轻师范院校财政负担的基础上,使教师职前教育实践基地的建设获得较为充足的资金,又能保证教师职前教育实践基地建设的质量。

5.实效性原则

实效性原则指的是师范院校在建设教师职前教育实践基地时,既要致力于满足教育教学实践与学校改革发展的需要,有利于提高职前教育实践的质量,提高师范生的实践能力和综合素质,又要注重基地一地多用和多种功能的整合,充分发挥最佳的教育效益、社会效益和经济效益。

(二)教师职前教育实践基地建设的策略

师范院校在建设教师职前教育实践基地时,要想取得良好的成效,可以采取以下几个有效的策略。

1.要对教师职前教育实践基地进行整体规划与合理布局

教师职前教育实践基地建设既事关师范生综合素质的培养与提高,也事关师范院校的改革与发展。因此,师范院校的领导和主管部门应高度重视教师职前教育实践基地的建设,将其纳入学校改革与发展的总体规划中,列入议事日程,并要依据学校的实际情况制订出基地建设的整体规划和建设方案。在这一过程中,师范院校必须做好以下几个方面的工作。

第一,在规划教师职前教育实践基地时,既要立足当前,解决教师职前教育实践面临的现实问题,又要从未来发展考虑,使教师职前教育实践基地能够发挥出多方面的功能。

第二,在规划教师职前教育实践基地时,要注意对各教师职前教育实践基地的实践专业进行固定,以便充分发挥各个基地学校的学科教学长处,确保教师职前教育实践的质量。

第三,在规划教师职前教育实践基地时,要合理确定需要建设的教师职前教育实践基地的数量。这既要考虑需要,又必须顾及可能,应当对师范院校和基地学校双方的办学规模、各自的承受力等因素加以综合考虑,以确保教师职前教育实践能真正取得成效。

此外,师范院校的领导和主管部门要高度重视教师职前教育实践基地的布局。而在规划教师职前教育实践基地的布局时,既要充分考虑各种条件与可发挥的作用,又要兼顾到师范生开展活动的方便与否、使用价值的大小、建设资金的多寡及管理与指导等诸种因素,以确保建设好的教师职前教育实践基地能够得到合理使用。

2.要积极争取教育行政部门的支持

教师职前教育实践基地建设作为一项系统工程,会涉及众多方面。因此,要保证这项建设工程的顺利实现,必须积极争取教育行政部门的支持。此外,我国现行的教育体制决定了师范院校要想建设稳定的教师职前教育实践基地,必须要有教育行政部门的支持。没有地方教育行政管理部门的支持,教师职前教育实践基地的建立是不可能的,教师职前教育实践的质量也无法得到有效保证,实践已证明了这一点。

师范院校在建设教师职前教育实践基地时,要想获得教育行政部门的支持,需要做好以下几方面的工作。

第一,要积极主动地找教育行政部门协商教师职前教育实践问题,使他们在更加重视教师职前教育实践的同时,将师范院校的教师职前教育实践基地建设纳入行政工作中。

第二,要积极呼吁教育行政部门出台与职前教育实践基地建设相关的政策,并推动这些政策得到有效贯彻。

第三,要积极支持教育行政部门发挥对教师职前教育实践的领导作用与管理功能,如积极贯彻教育行政部门下发的共建教育实践基地的文件等。

3.要积极争取社会力量的支持

教师职前教育实践基地建设是一项复杂的综合工程,单靠师范院校自己的力量是不够的,而且把所有的基地都建在校内也是不可行的。因此,师范院校在建设教师职前教育实践基地时,还要积极争取社会力量的支持。在这一过程中,师范院校需要做好以下两个方面的工作。

第一,教师职前教育实践基地建设需要投入一定的资金,而师范院校自己是难以承担起这份经济负担的。因此,师范院校在建设教师职前教育实践基地时要积极引入社会资金。

第二,师范院校在建设教师职前教育实践基地时,可以选择与社会上正规的、规模较大的、专注学科教学内容培训的教育培训机构合作,即将教育培训机构打造成教师职前教育实践基地。

4.要提高人们对教师职前教育实践基地建设意义的认知

在当前,有些教育行政部门认为教师职前教育实践是师范院校的事,与自身没有多大的关系;有些中小学认为教师职前教育实践是一种"额外负担",不愿意接受师范生到本校参与职前教育实践。这表明,人们对教师职前教育实践基地建设意义的认知存在偏差。要改变这一状况,师范院校必须提高人们对建设教师职前教育实践基地的认识,主要是让人们认识到建设教师职前教育实践基地,搞好教师职前教育实践,提高教师职前教育实践的质量,对推动教育特别是基础教育事业的发展具有重要的意义,而且能促进中小学的发展、推动社会主义现代化建设的步伐。

5.要明确师范院校与基地学校的职责

师范院校在建设教师职前教育实践基地时,必须遵循互利性原则,并在与基地学校充分讨论和协商的基础上,以协议书的形式确定各自在教师职前教育实践基地建设中所应承担的职责。

（1）明确师范院校与基地学校职责的重要性

在建设教师职前教育实践基地时，明确师范院校与基地学校的职责有着重要的意义，具体表现在以下几个方面。

第一，有助于师范院校在日常积极关心教师职前教育实践基地建设的情况，并主动了解基地学校存在的问题以及自身能否帮忙解决这些问题。

第二，有助于师范院校在面对基地学校要求自身提供某项帮助时，不以任何理由推脱，并尽最大的可能提供该项帮助。

第三，有助于基地学校真正从内心接受师范生的职前教育实践，并积极配合师范院校做好教师职前教育实践基地的建设工作。

（2）师范院校与基地学校的具体职责

师范院校在建设教师职前教育实践基地时，需要承担的职责有以下几个方面。

第一，师范院校应该依据自身的办学特点和已确立的教师职前教育实践基地，发挥自己的优势，建立一支精悍的教学科研队伍，加强对基础教育的研究，以便更好地为基础教育培养师资。

第二，师范院校应充分发挥自身的信息优势，将广泛筛选的各种教育信息及时传递给各个基地学校，以推动基地学校的不断改革与发展。

第三，师范院校应充分利用自身优势与教师职前教育实践基地的特殊关系，积极主动地给予基地学校多方帮助与支持，如利用假期对基地学校的教师进行培训、定期到基地学校开展学术交流活动、帮助基地学校开展教学改革的实验等，以推动基地学校建设一支素质良好的师资队伍，从而促进自身的教育质量和教学改革不断向前发展。

第四，师范院校在对待教师职前教育实践基地时，必须积极转变观念，即对教师职前教育实践基地既要"用"，更要努力去"扶"、去"养"。为此，师范院校必须在力所能及的情况下，主动给予基地学校一定的经济支持。这既能增进师范院校与基地学校的友谊,也能促使基地学校尽最大可能为师范生提供较为理想的职前教育实践条件。

第五,师范院校要在基地学校需要的情况下,接纳基地学校教师免费到师范院校进修高一级的课程。

第六,师范院校应在招生政策允许的范围内,对基地学校的学生给予一定的照顾,如每年招生对基地学校给予分配免试保送名额。

基地学校在建设教师职前教育实践基地时,需要承担的职责有以下几个。

第一,基地学校应以师范院校的教师职前教育实践计划为依据,常年接受师范院校安排的一定专业和一定数量的师范生。

第二,基地学校应在条件允许的范围内,尽可能为师范生提供便捷的生活工作条件。

第三,基地学校应对师范生的职前教育实践进行统筹安排,确保师范生在教育教学思想、教育教育技能、思想道德素质等各个方面都能得到有效提高。

第四,基地学校应选派优秀的教师,对师范生的职前教育实践进行科学指导。

第五,基地学校应协同师范院校对师范生职前教育实践的成效进行考核与鉴定,并将最终结果以文字形式呈现,以供师范院校参考。

第六,基地学校应组织有关报告和观摩研讨活动,提供师范生参与职前教育实践所必需的文件、资料和用具等。

6.要建立健全教师职前教育实践的领导机构

教师职前教育实践是一项十分复杂的系统工程,要想高质量地完成这项工程,必须要形成健全的教师职前教育实践的领导机构。而在构建教师职前教育实践的领导机构时,要尽可能由教育行政部门、基地学校和师范院校共同构成,以更好地协调教师职前教育实践基地的建设工作。其中,教育行政部门要关心、支持与督办教师职前教育实践,确保教师职前教育实践工作自始至终顺利进行;基地学校要成立以校长为组长的教育实践工作领导小组,确保教育实践工作落到实处;师范院校要开展好教师职前教育实践的动员、组织与监督工作,解决师范生和基地学校在教师职前教育实践中遇到的问题,并要注意在教师职前教育实践完成后举办教育实践成果汇报会,评选表彰优秀师范生及其带队教师。

7.要重视选择、培养职前教育实践指导教师

在进行教师职前教育实践基地建设时,职前教育实践指导教师的选择与培训也是一项十分重要的内容。只有选择具有较高的思想素质、较强的业务能力和丰富的教育实践指导经验的教师作为职前教育实践的指导教师,才能确保教师职前教育实践取得成绩,确保师范生在职前教育实践中有所收获。为此,师范院校必须重视对职前教育实践指导教师的培训,促使他们巩固专业知识,丰富教育理论,继而更好地解决师范生在实践过程中遇到的问题。

第四节 教师职前教育实践的科学管理

教师职前教育实践顺利开展并取得良好的成果与教师职前教育实践的科学管理有着密不可分的关系。

一、教师职前教育实践管理的含义

教师职前教育实践管理就是师范院校的管理者以自身的办学特点以及人才培养要求为依据,遵循教育实践规律,按照一定的目标、原则、程序和方法,对教师职前教育实践工作进行科学的规划、组织、指挥、协调和控制,以顺利实现教育目的和人才培养

目标的过程。

二、教师职前教育实践管理的重要性

对于师范院校来说,做好教师职前教育实践管理工作有着十分重要的意义,具体表现在以下两个方面。

(一)能够推动教师职前教育实践的顺利开展

任何实践活动的顺利开展都离不开科学的组织与管理。也就是说,要推动教师职前教育实践的顺利开展,必须做好教师职前教育实践管理工作。

首先,教师职前教育实践的科学管理能够有效解决教师职前教育实践中出现的各种问题和矛盾,从而确保教师职前教育实践能够正常进行。

其次,教师职前教育实践的科学管理能够对教师职前教育实践所需的人力、物力和财力进行合理规划与统筹安排,从而确保教师职前教育实践的顺利开展。

(二)能够保证教师职前教育实践的质量

教师职前教育实践管理工作的开展状况对于教师职前教育实践的质量也有着重要的影响。教师职前教育实践的质量与师范生的思想、知识、学业与技能等有着密切的关系。通过对教师职前教育实践进行科学管理,可以确保师范生真正在教师职前教育实践中有所收获,包括教育专业思想得到巩固、理论知识得到完善、实践经验得到丰富、教育教学技能得到提升等。如此一来,教师职前教育实践的质量必然能够得到有效提高。

三、教师职前教育实践管理的特点

教师职前教育实践管理的特点具体来说有以下几个。

(一)追求效率与效益的最大化

追求效率与效益的最大化可以说是教师职前教育实践管理最根本的特点。事实上,这也是教师职前教育实践管理的最终目的。

教师职前教育实践管理是一种综合性的活动,其需要关注多方面的问题,如有哪些可供教师职前教育实践利用的资源、能否对教师职前教育实践的现有资源与条件进行充分利用、能否对教师职前教育实践进行有效组织与合理控制等。而教师职前教育实践管理之所以会关注这些问题,最根本的目的便是要实现教师职前教育实践的效率与利益的最大化。因此,教师职前教育实践管理最根本的特点便是追求效率与利益的最大化。

(二)复杂性

教师职前教育实践管理是一项十分复杂的实践活动,这主要是通过以下几个方面表现出来的。

第一,教师职前教育实践管理必须始终围绕着人才培养目标来展开。

第二,教师职前教育实践管理既涉及众多的管理要素,如人、财、物、时间、空间等,也涉及多方面的关系,如师范院校与实践基地的关系、师范生与实践基地的关系、师范生与指导教师的关系、师范生与师范院校的关系等。这些管理要素的运用状况以及多方面关系的处理状况会对教师职前教育实践的效果产生重要的影响。

第三,教师职前教育实践管理是一个涉及诸多环节的运行过程,包括计划、组织、指挥、协调和控制等。

(三)多样性与发展性的统一

教师职前教育实践管理是一项十分复杂的实践活动,这决定了在开展教师职前教育实践管理工作时必须依据实际情况采取多样化的管理方法。与此同时,教师职前教育实践管理的方法必须紧跟时代的发展状况而进行一定的改变。

(四)系统性

教师职前教育实践管理的系统性特点主要表现在以下两个方面。

第一,教师职前教育实践管理仅仅依靠师范院校自身是无法取得良好成效的,只有积极融合社会各方的支持力量,教师职前教育实践管理才会取得良好的成效。比如,校外教师职前教育实践基地的建设,教育行政管理部门的领导和政策支持,社会的接纳、支持与条件创造,校内外的人力、物质设施、时间、资料信息等客观条件的具备等,都会影响教师职前教育实践的效果以及教师职前教育实践管理的成效。

第二,教师职前教育实践管理是师范院校教育管理的内容之一,在开展过程中必须符合师范院校教育管理的目标,并与师范院校教育管理的各项内容进行密切配合,以确保师范院校教育管理能够取得良好的成效。

四、教师职前教育实践管理的原则

教师职前教育实践管理的原则具体来说有以下几个。

(一)目标性原则

教师职前教育实践管理的目标性原则指的是在开展教师职前教育实践管理时必须制订恰当的目标体系。

教师职前教育实践的目标从大到小可以分为教师职前教育实践的总目标、各系教师职前教育实践的目标、各专业教师职前教育实践的目标和各师范生职前教育实践的目标。在开展教师职前教育实践管理时,只有注重不同层次目标的共同实现,才能确保教师职前教育实践取得良好的成效。

（二）计划性原则

计划性即从事某项工作或活动之前预先拟定的具体内容、方法、步骤及所需条件等。教师职前教育实践管理是一项涉及众多因素的活动，要确保这些活动的顺利进行，必须要制订出相应的计划，并切实围绕制订好的计划对各项管理活动进行合理安排。而在制订教师职前教育实践管理计划时，要特别注意以下几个方面。

第一，计划的科学性。在制订计划前要做好调查研究工作，同时要根据实际情况和条件制订出相应的计划，计划过高或过低、过大或过小都可能对实际工作造成不良的影响。

第二，计划的统一性。计划的统一性主要是指各个层次的计划在指导思想、目的任务等基本方面与总计划达到统一和吻合，以便更好地开展实习工作。

第三，计划的实效性。计划要方便、实用，并能有效地指导实习生按其程序一步步地开展工作。

第四，计划的灵活性。要根据各专业、各实习队、各单位和实习生个人的情况来制订相应的计划，不应盲目地、千篇一律地要求统一。

（三）协同性原则

教师职前教育实践管理的协同性原则指的是在开展教师职前教育实践管理时，要以教师职前教育实践的目标为宗旨，同各基地学校协力做好教师职前教育实践的组织管理工作。只有这样，才能有效提高教师职前教育实践管理的水平，并推动教师职前教育实践不断取得良好的成效。

（四）规范性原则

规范即约定俗成或明文规定的标准、方式，教师职前教育实践管理的规范性原则要求在开展教师职前教育实践管理时必须做好以下两个方面的工作。

第一,要建立健全与教师职前教育实践相关的各项规章制度。

第二,要建立科学、统一的规格和标准来衡量教师职前教育实践的效果。

(五)有序性原则

有序性原则指的是在开展教师职前教育实践管理时,管理者要抓住工作的主要环节,实行程序控制、阶段把关、全程管理,以做到管理工作程序化。

五、教师职前教育实践管理的机构

教师职前教育实践是师范院校一项长期而复杂的工作,需要有专门的机构和人员进行管理。因此,必须积极构建完善的、职能明确的、反应灵敏的、管理有效的教师职前教育实践管理机构。在这一过程中,必须做好以下几个方面的工作。

第一,要积极建立由高等师范院校、教育行政部门和中小学校共同参与的高师教育实践领导体制。

第二,要积极建立较为完善的校级管理机构,即要在校级建立一个以校领导为首的、有关各方参加的教师职前教育实践管理指挥中心或领导组。

第三,要积极建立院(系)级管理机构,这是各类教师职前教育实践方案的实施主体与具体执行者。

第六章　入职训练：教师入职教育探究

教师与教学是一个密不可分的整体,教师是教学中最主要的承载者,教学则是教师最基本且最重要的工作。教师参与教学的过程就是其专业发展的过程。而入职教育是教师专业发展的关键环节,连接着教师入职前的学生角色和入职后的教师角色转换,决定着初任教师将成为什么样的教师。因此,必须高度重视教师入职教育。在本章中,将对教师入职教育的相关内容进行详细论述。

第一节　入职期在教师专业发展
过程中的地位分析

入职期指的是刚刚进入教学专业的初任教师在教学实践中掌握教学常规及教学基本技能、适应教师角色的专业过渡期。初任教师既是学校师资队伍中的新生力量,又是学校实现可持续发展的强大后备力量。因此,要提高教师队伍的整体素质,必须关注初任教师的专业成长与专业发展。不过,初任教师的专业发展是一个充满危机且困难重重的转换阶段,尤其是初任教师从事教学的第一年。刚刚走上教学岗位的初任教师要经历由教学专业的学生到学生的教师的过渡和适应过程。尽管他们在职前培养阶段都经历过教学实习,但即便是最好的教学实习计划也不可能为初任教师在对全日制班级的管理和教学方面做好全部准备,大多数初任教师仍无法正确地预料教学生活的孤立感、时间与责任的压力,况且在现实学校环境中,初任教师所要担负的责任往往与有经验的教师一样多,甚至更多,这使得初任教师的专业成长和专业发展变得更加困难。在此影响下,初任教师很容易产生挫败感,甚至对教学工作失去信心。因此,处于入职期的初任教师迫切需要他人的理解、鼓励、支持和帮助,以便缩短过渡周期,尽快地进入教师角色。因此可以说,入职期是教师专业发展过程中的关键环节,具体通过以下几个方面表现出来。

一、入职期是初任教师确定职业倾向和职业持久性的重要时期

对于初任教师来说,其需要从有所依赖、承担责任较少的教育专业的学生转换为能够自主进行决策、承担多种使命的教师角色。在这一转换过程中,初任教师会面临各种各样的问题,并可能因为残酷的现实冲击而经历职业上的种种不适应。比如,初任教师会发现实际的教学工作要比自己预想的更为困难、引导学生积极主动地学习是不容易的、自己是无法经常同经验丰富的同事进行教学讨论与交流的等。在此影响下,初任教师很容易对教师职业产生失望情绪,也无法在教学方面取得积极、理想的效果,还可能产生紧张、焦虑等多种不良情绪,影响身心的健康发展。如此一来,初任教师很可能会决定离开教师职业。而要预防或者减少这一问题的发生,一个重要的举措是在初任教师的入职期内,通过教师入职教育帮助其尽快适应新的环境,胜任教师角色,在教师岗位中生存下来。

二、入职期是初任教师形成先进教育理念的重要时期

教师所拥有的知识与技能的宽度和深度决定着其如何选取教学内容。在这一过程中,教师要想确保所选取的内容科学、恰当、合理,必须要有先进的教育理念做指导。

由于入职教育能为教师带来先进的教育理念,因此必须重视

对初任教师的入职教育。具体来看，入职教育的授课教师多是对教学理论和实践有深刻认知的教育领域专家，其在授课中所传递的理念都是学科发展中最先进、最前沿的理念。在这些理念的引导下，初任教师能够形成前瞻性的、成熟的、先进的教育思想，从而在指导自身专业化发展的同时，有效提高教育教学的质量，推动教育教学不断取得良好的成效。

三、入职期是教师学习和掌握教学技能的重要时期

教师要想顺利地从事教学工作，必须具备相应的知识基础与能力基础。也就是说，只有具备从事教师职业所需的知识与能力，才能成为一名合格的教师。

（一）入职期是教师学习和掌握教学知识的重要时期

教师需要学习和掌握教学相关的知识，对此学者们有着一致的认知。但是，对于教师应学习和掌握的知识的内容，不同的学者有着不同的看法。比如，伯利纳认为，教师应学习和掌握的知识主要有三类，即学科内容知识、学科教学法知识和一般教学法知识；舒尔曼认为，教师应学习和掌握的知识包括学科内容知识，一般教学法知识，课程知识，学科教学法知识，有关学生及其特性的知识，有关教育情境的知识，有关教育目标、价值、哲学和历史的知识；安德逊认为，教师应学习和掌握的知识主要包括陈述性知识（知道是什么）、过程性知识（知道怎么样）和条件或背景性知识（知道何时何地）；申继亮认为，教师应学习和掌握的知识包括本体性知识（学科知识）、条件性知识（教育学、心理学知识）、一般文化知识和实践性知识等。虽然不同的学者对于教师应学习和掌握的知识有不同的认知，但总体来说，都包括理论性知识和实践性知识两类。

1. 理论性知识

这里所说的理论性知识主要包括学科内容、学科教学法、课

程、教育学、心理学和一般文化等原理类知识,通常可以通过阅读和听讲座获得。

2. 实践性知识

这里所说的实践性知识是教师在教育教学实践中实际使用和(或)表现出来的知识,包括行业知识、情境知识、案例知识、策略知识、学习者的知识、自我的知识、隐喻和映像以及教师对理论性知识的理解、解释和运用的原则等。

教师的实践性知识比起理论性知识来说,有着自身鲜明的特点,具体表现在以下几个方面。

第一,教师的实践性知识由于依存于背景的经验性知识,同研究者运用的理论性知识相比,缺乏严密性和普适性,是一种多义的、活生生的、充满柔性的功能性知识。

第二,教师的实践性知识是凭借经验主动地解释、矫正、深化现成知识而形成的综合性知识。

第三,教师的实践性知识是以教师的个人经验为基础形成的具有个性品格的知识。

第四,教师的实践性知识是以特定教师、特定教室、特定教材、特定学生为对象而形成的知识,是作为案例知识而积累、传承的。

第五,教师的实践性知识不是显性的知识,它是无意识地运用的包含"隐性知识"的功能。

此外,教师的实践性知识在很大程度上影响着其专业发展。因此,教师必须重视积累自己的实践性知识。通常来说,教师的实践性知识是在自己实际的教学活动中获得的。但是,我国在对教师进行职前培养时,多注重理论知识的教学,教学实际操作的机会很少,从而导致教师在职前培养阶段不知道如何将理论知识有效地运用于实践中。为此,教师在进入入职期后,就需要特别重视获得和积累实践性知识。

（二）入职期是教师学习和掌握教学能力的重要时期

对于教师来说，要想实现自身的专业发展，必须重视掌握并不断提高自身的教学能力。教师的教学能力是其顺利完成教学任务不可或缺的影响因素。同时，教师的教学能力涉及的内容很多，如教学组织能力、教学设计能力、教学演示能力、教学板书能力、沟通能力、处理学生矛盾的能力、信息组织与转换能力、口头表达能力、自我完善能力、语言表达能力、教学科研能力等。

虽然说教师应具备的一些基本能力在中小学时期以及职前师范教育阶段就开始形成，但有关教学的各种特殊能力基本上还是在从事教学工作以后形成的。对于这些能力，有的初任教师是在课堂教学中接受某种专业准备或帮助时获得的，有的则只能简单地依赖自己的经历和失误来获取。初任教师能否在入职期内全面构建自己的教学能力将直接影响到他们教学的有效性，甚至影响到他们在教学环境中的"适应"和"生存"。因此，必须要帮助教师在入职期内形成良好的教学能力。

四、入职期是教师专业发展模式形成的重要时期

初任教师在入职期内的专业表现及其能否顺利地渡过入职期既影响其职业倾向和职业持久性，又影响其整个职业生涯的专业发展模式，继而决定了其最终会成为怎样的教师。相关研究表明，初任教师所经历的入职期若是痛苦的，则其在日后的专业发展中会留下永久的伤痛，不仅会经常不满意自己的教学情况，而且在日后的教学生涯中因恐惧而不愿意对教学习惯、教学方法、教学手段等进行改变。如此一来，其专业发展便会受到严重限制，无法达到较高的专业发展水平。因此，必须高度重视教师的入职期，并帮助其顺利地渡过这一时期。

五、入职期是初任教师步入成人期的重要阶段

依据成人发展理论,初任教师正处于进入成人世界的初期。在这一时期,他们既要面对脱离父母的经济与心理依赖而独立、扮演完全的成人角色,又要应付全新的工作环境、选择结婚对象等多种角色要求,很容易使身心压力增大,从而使自己的专业成长变得异常艰难。由此可知,初任教师的入职期是一个充满危机的发展阶段,若不能帮助初任教师顺利渡过这一阶段,不论是对于初任教师还是学生的成长与发展而言都会受到严重损害。

六、入职期是初任教师形成良好人际关系的重要时期

初任职的教师一般处在陌生的同伴群体中,若不能顺利地发展成一种亲密的同伴关系,日后在学校环境内难免要感到孤立与疏离,与其他教师间的情感关系就会显得冷漠、不自然,缺乏真正的情感沟通与交流。这不仅会影响初任教师的身心健康发展,而且会影响团队教学活动等的顺利开展。因此,必须要帮助教师在入职期与同伴建立相互尊重、相互信任、相互协助、相互支持的关系。

第二节 教师入职教育的目标与形式

教师的发展既是一个连续的、动态的、纵贯整个职业生涯的过程,又是一个具有阶段性特点的过程,即教师在不同的发展阶段会有不同的专业发展需求与特征。其中,入职期是教师专业发展进程中的一个重要环节,而且教师在这一阶段所遇到的专业发展问题要比其他阶段更多、更复杂、更困难。因此,学校和相关机构必须高度重视教师在入职期的发展需求,开展好入职教育,以

便为教师日后的教学生涯奠定扎实的发展基础。

一、教师入职教育的含义

教师入职教育既不同于教师职前教育，也不同于教师职后教育，而是处于职前教育和职后教育之间的一个过渡环节，通常是与教师最初几年的教学同步进行的。

关于教师入职教育的含义，不同的学者有着不同的观点。比如，莱斯里等人认为，教师入职教育是"一个以专门为在学校工作至少一年的新教师提供系统性、支持性辅导为目的的有计划的过程"；菲德勒等人认为，教师入职教育是"一个为公立学校工作头三年的新教师设计的并对其进行支持、训练和评价的过程"；马格认为，教师入职教育是"帮助初任教师有效履行职责——在他们所被安置的特殊背景下显示自己能力的一种努力"。

对以上学者关于教师入职教育的界定进行分析可以得出，教师入职教育包含以下几点要义。

第一，初任教师是教师入职教育的对象。

第二，教师入职教育是有一定时限的，多为一年至三年。

第三，教师入职教育是一种有计划的教育。

第四，教师入职教育是一种系统性的教育。

第五，教师入职教育最主要的内容是为初任教师提供帮助。

第六，教师入职教育的主要目的是发展初任教师的专业能力，增强初任教师的教学自信心，帮助初任教师尽快适应教师角色，从而为自己日后的专业化发展奠定重要基础。

二、教师入职教育的目标

教师入职教育的开展并不是盲目的，而是以实现一定的目标为指引的。不过，关于教师入职教育的目标，不同的学者有着不同的观点。下面将着重介绍几个比较有代表性的关于教师入职教育目标的观点。

(一)博拉姆关于教师入职教育目标的观点

博拉姆认为,大部分初任教师对他们实际所处的教学工作处境是十分关心的,因此在开展入职教育时,必须重视向初任教师提供实用的和符合个别需要的帮助,以帮助初任教师解决他们在学校和课堂中遇到的各种问题。为此,他强调教师入职教育必须要实现以下几个目标。

第一,为促进所有初任教师的成长和发展而单独提供种种必备的技能。

第二,帮助初任教师掌握学科教学的技能。

第三,帮助初任教师掌握一般的教学工作和班级工作的技能。

第四,帮助初任教师掌握学校的工作程序。

第五,帮助初任教师学会与同事进行有效的交往。

第六,帮助初任教师掌握地方教育当局的工作程序。

第七,帮助初任教师不断完善自己的人格。

(二)卡蒙斯基和利德奥关于教师入职教育目标的观点

卡蒙斯基和利德奥在相关研究的基础上指出,教师入职教育应注重实现以下几个目标。

1.促进初任教师的有效教学

在开展教师入职教育时,必须要以初任教师的教学能力及其特殊需求为依据,为其提供教学方面的及时性协助,以便其能够拥有成功的起始教学经验。

2.发展初任教师有效解决问题的能力

发展初任教师有效解决问题的能力也是教师入职教育要实现的一个重要目标。因此,在开展教师入职教育的过程中,要帮助初任教师独立地面对特殊且不断变化的教学情境中出现的问题，并学会在深入了解问题、分析问题的基础上，采取有效的途径对问题进行妥善解决。

3.为初任教师提供良好的心理支持

在开展教师入职教育时，应协助初任教师发展积极的自我概念与态度，以帮助其恰当面对及处理学校的孤立文化，减少甚至避免初任教职阶段可能会出现的自我怀疑、压力、焦虑等问题。也就是说，教师入职教育必须要为初任教师提供心理与情感上的支持，帮助其建立专业自信心。

4.留住有潜力的好教师

教学经验的前三年最具磨损力，最容易造成初任教师负面的专业印象。为了让有潜力的好教师留任教职，并且从中获得成就感，就有必要减少初任教师的发展问题，降低其挫败经验。为此，必须积极开展科学有效的教师入职教育。

5.建立教师持续专业发展的良好基础

教师的专业发展是一个持续的过程，无论哪一个阶段出现问题，教师的专业发展都会受到严重阻碍。由于入职期是初任教师建立自信心与高度的专业认同感，为日后专业发展奠定重要基础的阶段，因此必须重视初任教师的入职期教育，以引导其顺利渡过新任职阶段，促进自身专业的持续发展。

6.确保有利的专业社会化过程

不良的社会化过程会扭曲教师专业发展的方向，并导致教师形成错误的专业认知。教师一旦形成错误的专业认知，要想纠正是十分困难的，而且会阻碍其日后的专业发展。因此，必须在教师入职期为其提供必要的支持与帮助，从而能够与组织及同伴建立起良好的互动关系。

（三）欧戴尔关于教师入职教育目标的观点

欧戴尔通过自己的研究指出，教师入职教育的目标有以下几个。

第一，支持初任教师所需要的知识和技能的发展，以使他们在最初的教学岗位上获得成功。

第二，提供持续的帮助以减少初任教师所遇到的问题。

第三，为初任教师提供在有经验的教师指导下分析和反思他们自己教学的机会。

第四，使初任教师融入学校、学区和社区的社会系统中。

第五，为初任教师引进并构建一个持续学习教学的基础。

第六，增强初任教师对教学的积极态度。

第七，提高优秀初任教师在教学岗位中的留任率。

（四）奥斯汀关于教师入职教育目标的观点

奥斯汀关于教师入职教育目标的观点可以说是最具代表性的。在奥斯汀看来，教师入职教育的目标主要有以下几个。

1.改善初任教师的教学行为

对于初任教师来说，如果只凭自己尝试错误的途径来改进教学，不仅会增加自己的挫折经历，而且很容易对自己的教学能力产生怀疑，继而离开教师岗位。此外，初任教师依靠自己有限的资源和经验得出的一套教学应对策略若固化到其以后的职业生涯中，将会阻碍他们成为有效教师。因此，必须重视对初任教师的入职教育，通过系统化、科学化的入职教育改善初任教师的教学行为。

在开展入职教育时，要想有效改善初任教师的教学行为，应切实注意以下几个方面。

第一，必须明确在初任教师所处的特殊背景中，什么是有效的教学行为。

第二，必须使初任教师认识到任何教学行为都是在特定的教学背景中产生的，对真正有效教学行为的理解应随着背景的变化而变化，而且在一种情况下有效的教学行为在另一种情况下就不一定有效。

第三，不能期望能通过入职教育改善教学行为而使所有的初任教师都发展为可胜任的教师。之所以这样说，原因有以下几个：一是入职教育不可能有效克服与学校背景相关的一些主要问题，如初任教师被安排在不擅长的领域中工作、初任教师所承担的工作量过重等；二是投入问题，从理想的角度讲，如果保证有足够的时间和其他资源，则入职教育可以使每一名初任教师都成为合格教师，但事实上是不可能为实现这一理想目标而投入足够多的时间和资源的；三是初任教师的个人情况影响着其未来发展，从理想的角度讲，初任教师都应该具备作为合格教师所要求的知识、能力和态度，具有成为合格教师的潜力，但事实上由于教师的自身原因，有些初任教师不能成为合格教师。因此，在开展教师入职教育时，要注重为那些进入教学专业并具备成为合格教师条件的初任教师提供必要的支持和帮助，以使其形成良好的教学行为。

2.促进初任教师的个人和专业舒适

一般认为，入职是教师经历课堂教学冲击的关键时期，初任教师在这一时期若得不到入职教育的支持，很可能会产生个人和专业方面的创伤。这是因为，初任教师在很多情况下是独立开展工作的，这就大大降低了他们向同事学习的可能性和机会。与此同时，初任教师刚刚踏入教师职业，就要与有多年教龄的教师担负同样的责任。在此影响下，初任教师很容易感到压抑，继而产生各种创伤。因此，学校有责任为初任教师提供适当的入职教育，帮助他们应付各种现实冲击，建立信心，感受到工作的乐趣，促进个人和专业舒适感的提升。

还需要指出的一点是，在通过教师入职教育来实现促进初任教师个人和专业舒适的目标时,应以培养初任教师自己发展和提高的形式来支持他们,而不能无视教学行为,单纯地追求产生良好感觉。

3.提高有潜力的初任教师的留任率

对于教师入职教育来说,提高有潜力的初任教师的留任率也是其要努力实现的一个重要目标。对于初任教师来说,在入职阶段一定会遇到各种各样的问题,而且有不少初任教师会因对教师职业失望而离开教师职业。如此一来,初任教师的留任率便大大降低。而要改变这一现状,开展科学的教师入职教育不失为一种有效的方法。也就是说,如果能提供适当的支持和帮助,想要离职的初任教师很可能会放弃这一想法,从而继续完善自己,成长为合格的教师。

4.满足关于教师入职教育和资格证书的指令性要求

这一目标指的是通过教师入职教育,使初任教师能够满足国家有关教师资格证书的法定要求。在实现这一目标的过程中,以下几个方面要特别予以注意。

第一,达到最低标准是国家或地区对任教教师的法定要求,但对教师入职教育来说,如果单纯关注最低标准的实现,那么在实践中就有可能把满足最低标准代替全部教育的危险。因此,在开展教师入职教育时,不能仅仅关注最低标准的实现。

第二,教师入职教育是要向初任教师提供关于教学的有价值信息,但在进行过程中,很容易成为满足法定要求和完成某些书面工作而进行的训练。对此,学校在开展教师入职教育时也要特别予以注意。

以上四个目标是相互联系、相辅相成的,而且在开展教师入职教育时要完全实现这四个目标是不大可能的。这就需要学校在开展教师入职教育时,切实根据自身的发展需要以及初任教师的情况明确要侧重实现的目标。

（五）我国学者关于教师入职教育目标的观点

我国学者在教师入职教育的目标方面形成了较为一致的观念,具体包括以下几方面的内容。

第一,为初任教师架起从职前师范教育到有效专业实践的桥梁。

第二,为初任教师长期的专业发展奠定基础。

第三,为初任教师第一年的教学提供支持。

第四,帮助初任教师将最好的技能展示给学生,提高初任教师开展课堂教学的质量。

第五,丰富初任教师的专业知识,提高初任教师的教学能力。

三、教师入职教育的形式

在开展教师入职教育时,要想取得良好的成效,必须采用多样化的形式。就当前来说,教师入职教育可以采用的形式有以下几个。

（一）教学指导

在开展教师入职教育时,教学指导是最常采用且十分有效的一种形式。所谓教师入职教育的教学指导形式,就是安排有经验的教师担任初任教师的指导教师,与初任教师结成对子,进行一对一传、帮、带,帮助初任教师掌握课堂技巧,引导初任教师将所学的知识技能运用于教学实践。

（二）集中培训

教师入职教育的集中培训形式,就是组织初任教师在入职期内进行脱产集中学习。就初任教师集中培训的时间而言,短则几天,长则1～2年;就初任教师集中培训的内容而言,侧重于强化、教育初任教师作为教师应具备的专业思想、态度、职业道德等,并重视对初任教师的具体教学进行指导、对教师的心理进行调整等。

在教师入职教育中采用这种形式，一是能够保证培训时间集中，便于初任教师深入钻研、系统学习，培训效果显著；二是能够保证培训内容正规，即按国家对初任教师的要求来进行培训。

需要特别注意的一点是，集中一段时间对初任教师进行培训不应是入职教育的全部，在入职期内集中培训以外的时间也要为初任教师提供支持和帮助。

（三）合作指导

教师入职教育的合作指导形式，就是地方教育管理部门、教师教育机构和中小学校合作，共同组织一个指导小组对初任教师进行教学支持和帮助。

在教师入职教育中运用这一形式时，要想取得良好的成效，应特别注意以下几个方面。

第一，指导小组的成员，既要包括学区督导人员、学校校长（或副校长），也要包括有经验的教师以及教师教育院校的教授。

第二，指导小组的成员应经常深入初任教师的课堂，对初任教师的教学情况以及综合素质等进行综合考量，并及时与初任教师交换意见，以帮助初任教师不断提升自己的教学能力。

第三，指导小组要定期召开包括初任教师在内的小组会议，共同进行专业发展需求和问题诊断，提供矫正性反馈信息，探讨进一步改进教学的策略。

（四）学校教学中心

教师入职教育的学校教学中心形式，就是把一些理想的学校作为初任教师参观与试教的专门场所，初任教师在资深教师和大学教授的指导下进行教学。在教师入职教育中运用这一形式时，初任教师可以在教学中随时向资深教师和大学教授提出各种实际教学问题，并及时得到他们的回应。

（五）研修

研修指的是以研究问题的方式开展初任教师入职教育，目的有以下几个。

第一，帮助初任教师有效解决教育教学中遇到的实际问题，从而在解决问题的过程中确保初任教师的教育教学活动能够顺利开展。

第二，促进初任教师的教育教学能力的提高，帮助其学会如何制订教学计划、编写教案、处理教材内容、管理班级、对学生进行道德教育和保健安全指导等。

第三，培养初任教师的职业使命感，提高初任教师的综合素质。

（六）网络支持

随着互联网和信息技术的迅速发展，网络支持成为信息社会中开展教师入职教育的一种新形势。这种教师入职教育的形式指的是，教师教育机构和地方教育管理部门可建立旨在帮助初任教师的入职教育网站，开设政策法规、问题咨询、信息服务等栏目，初任教师只要登录该网站，就可以获得相关的信息和帮助。同时，网站可以提供"粘贴板"或"论坛"，初任教师在这里可以自由地发表自己的观点和体会，或与其他初任教师一起共同探讨问题。在当前，这种教师入职教育的形式得到了越来越广泛的运用。

第三节　教师入职教育的构成与评价

教师入职教育没有一个统一模式，但在实施过程中需要明确应重点解决的问题以及要实现的目标。如此一来，就能够大致明确教师入职教育的构成。与此同时，要想教师入职教育取得良好的成效,必须重视对其进行科学恰当的评价。

一、教师入职教育的构成

关于教师入职教育的构成,学者们还未形成一致观点,下面着重介绍几种有代表性的观点。

(一)翟奇纳关于教师入职教育构成的观点

翟奇纳认为,一个有效的教师入职教育应该由以下几方面构成。

第一,初任教师指导计划。

第二,有计划的、系统性的初任教师课堂教学观摩活动。

第三,有计划的、系统性的初任教师校内指导活动。

第四,地方教育当局和教育学院教学人员组织的有计划、有系统的校外指导活动。

(二)弗克斯关于教师入职教育构成的观点

弗克斯认为,一个有效的教师入职教育应该由以下几方面构成。

第一,为初任教师提供安全感和确立同伴支持系统基础的发起活动。

第二,让初任教师界定自己管理模式的活动。通过这种活动,不仅为初任教师提供关于自我需求和观念的认识,而且为进行有意义的讨论提供机会。

第三,反思活动,即让初任教师反思自己的需求和教学行为,然后做出关于将来的行动和程序的相应决策。

第四,观看电影和录像。这既能为初任教师提供有关纪律和课堂管理的多方面信息,也能够使初任教师获得观察、分析和反思教学的机会,从而促进自己的教学行为不断得到完善。

（三）奥斯汀关于教师入职教育构成的观点

奥斯汀认为，一个有效的教师入职教育应该由以下几方面构成。

第一，初任教师的入职计划。

第二，针对初任教师的定向会议和学校参观活动。

第三，以课程和有效教学为主题的初任教师研讨会。开展这项活动重在开拓初任教师的教学思想，丰富初任教师的教学知识与经验，帮助初任教师与同事顺利进行交往。

第四，初任教师的教学观摩活动。开展这项活动有助于初任教师观察、学习其他教师的教学经验，从而完善自己的教学行为。

第五，初任教师的课堂教学活动。在开展这项活动时，指导人员、同事或评价小组要进行观察或录像，并在充分讨论后予以一定的评价，这有利于初任教师反思和完善自己的教学行为。

二、教师入职教育的评价

在初任教师的专业发展中，教师入职教育发挥着极其重要的作用。而要确保教师入职教育能够发挥出最大的作用，必须高度重视教师入职教育的评价，科学、合理的评价将对教师入职教育的实施起到反馈、调节、导向与促进的作用。在开展教师入职教育评价时，应具体从以下几方面着手。

（一）教师入职教育计划的评价

在开展教师入职教育评价时，教师入职教育计划评价是一项十分重要的内容。所谓教师入职教育计划评价，就是当地县市教育行政部门或初任教师所在的学校，为了保证其拟订的教师入职教育计划（或方案）确实科学、有效而组织相关评价小组对整个教师入职教育计划的设计、内容、模式、进程及预期实施效果等进行的系统评价。

在实施这一评价的过程中，以下几个方面要特别予以注意。

第一，要实行教师入职教育计划审核制度，即地方教育行政部门设立的"教师入职教育领导小组"应组织有关人员，对当地的初任教师集中培训计划和中小学的校内教学指导计划进行审核，以保证计划的可行性和内容的针对性。

第二，要注意监督教师入职教育计划的实施过程。地方教育行政部门及"教师入职教育领导小组"要经常对教师入职教育计划的实施进行监督和检查，也可以派专门的指导人员全程参与计划的实施过程，为评价计划的有效性收集相关信息，发现问题及时解决。

第三，要注意评价的客观性和有效性。在进行教师入职教育计划评价时，要以收集到的相关信息为基础，对计划的实施过程及其效果进行客观评价，指出计划的成败得失。

（二）教师入职教育过程的评价

所谓教师入职教育过程评价，就是在教师入职教育实施的过程中，教师入职教育的专门领导小组在客观搜集相关信息的基础上，对教师入职教育计划的实施情况及初任教师在教师入职教育过程中的表现进行的评价。通过这一评价，既可以了解教师入职教育计划是否是科学的、合理的、具有可操作性的，也可以大致掌握初任教师的专业发展水平，并促进初任教师在入职教育过程中取得更好的教育成效。

在对教师的入职教育过程进行评价时，应尽可能做到科学、客观、公正、合理。此外，在评价教师在入职教育过程中的表现时，可以借助于形成性评价这一有效的评价形式。

形成性评价又称"发展性评价""过程性评价"，是以满足教师不断完善自我的需要为目的而进行的评价，评价的内容主要是初任教师在接受入职教育过程中的专业表现。通过这一评价形式，可以实现以下两方面的目的。

第一，可以全面了解初任教师的专业发展状况，以及其对德育工作与班级管理策略的掌握程度、对课堂管理与教学常规和教学技能的掌握程度、对教育科研方法知识与技能的掌握程度等。

第二，可以明确初任教师在专业发展方面存在的问题和不足，从而采取有针对性的措施来促进自身的专业发展。

在对初任教师进行形成性评价时，需要按照以下的步骤进行。

第一，初次面谈。评价者与评价对象的初次面谈是评价过程的一个首要环节，它有助于使评价双方进一步明确评价的整个过程，探讨信息和资料收集的渠道、方式和类型；有助于使初任教师明确形成性评价的目的是为了促进他们的专业发展。如此一来，初任教师便能消除疑虑，继而积极配合评价。

第二，收集信息。在对初任教师进行形成性评价时，收集大量真实的信息是十分重要的，这能够在很大程度上确保评价结果的准确性。

第三，提供反馈，即评价者客观分析所收集到的信息，并及时将分析结果反馈给评价对象。这一环节一般以面谈的形式进行，而且在面谈结束时评价双方应共同商定初任教师今后的发展目标和具体策略。

第四，改进和完善教师入职教育计划。这一环节能够确保制订的教师入职教育计划更加符合实际以及初任教师的实际发展需求，能够及时解决初任教师在教学过程中存在的突出问题。

（三）教师入职教育结果的评价

所谓教师入职教育结果评价，就是在初任教师接受入职教育之后，由当地县市教育行政部门、初任教师所在的学校及教师教育机构等单位或部门的有关人员组成专门评价小组，在广泛搜集相关信息的基础上，对初任教师的专业发展水平实施的综合性评价。

在对教师入职教育的结果进行评价时，可以借助于终结性评价这一有效的评价形式。终结性评价是为判断初任教师能否留在教学领域而进行的评价,评价的内容主要是初任教师在接受完入职教育后,在专业知识和能力方面是否达到合格教师的标准。

此外,在对教师入职教育结果进行评价时,要想获得客观、科学的评价结果,必须遵循以下的评价步骤。

第一,成立专门的评价小组。

第二,搜集相关评价信息。通常来说,可以采用以下两种方式来收集评价信息:一是通过初任教师自我评价的方式搜集信息,这既有助于初任教师进一步地进行自我认知,找出自己在专业发展方面的优势及存在的不足,又有助于初任教师的教育理念被评价者所理解;二是通过听初任教师的课堂教学来搜集信息,这有助于评价者对初任教师的专业表现进行全面了解,并在此基础上对其专业行为作出准确判断。

第三,在搜集完相关信息后,由专业人员对这些信息进行综合分析,并客观描述每一位初任教师的专业发展水平。

第四,由专门评价小组将评价的结果反馈给每一位初任教师,并要指明每一位初任教师在未来的专业发展中需要努力的方向。

第五,专门的评价小组以合格教师的专业标准为依据,判断初任教师的专业发展水平是否达到了合格教师的标准,并将判断的结果上报当地县市教育行政部门、初任教师所在的学校以及初任教师本人。

第六,当地县市教育行政部门和初任教师所在的学校,依据初任教师的专业发展水平评价结果决定初任教师的去向。一般来说,初任教师的去向主要有三个:一是正式上岗;二是尚需继续接受一段时间的入职教育之后方能上岗;三是劝退或直接辞退。

第四节　教师入职教育课程的设计与实施

教师专业发展是终身的过程,因此教师专业教育课程建设就应该包括教师职前教育课程、教师入职教育课程和教师职后教育课程。由于三个不同教师专业发展阶段有不同的发展任务和发展特点，因而三个不同专业发展阶段的课程也应当有所不同。在本节中，将对教师入职教育课程的相关内容进行详细论述。

一、教师入职教育课程的内涵

（一）教师入职教育课程的含义

从现代课程理论的角度来看，教师入职教育课程是一个较为宽泛的概念，其不仅涵盖学校或相关机构为初任教师入职而开设的一切理论课程和实践课程，而且包含教师在教学实践中个人的体会、经验以及有经验教师的帮助、指导和支持。

（二）教师入职教育课程的任务

教师入职教育课程有着非常明确和具体的任务，即主要是帮助初任教师解决在角色过渡、职业体验、教学责任和使命感培养过程中所遇到的问题，发展初任教师的能力，减轻初任教师在适应阶段可能会遭遇的挫折、孤独感等，提高初任教师教学工作的有效性。

（三）教师入职教育课程的重要性

对于初任教师来说，教师入职教育课程有着十分重要的意义，这主要是通过以下几个方面体现出来的。

第一，教师入职教育课程能够帮助初任教师尽快适应新的工作环境。初任教师在进入学校后，每一份工作都是崭新的，即使他们在入职前已经具备了扎实的专业知识和一定的教学技能，但还是需要通过接受教师入职教育课程来增强对学校及其文化的认同感，从而尽快融入学校。

第二，教师入职教育课程能够及时指导初任教师在入职期间掌握有效的教学技能和教学方法,从而顺利地度过充满危机和困难的教师角色转换阶段。

第三,教师入职教育课程能够为初任教师搭建一个与资深教师进行交流的平台,这不仅能提高初任教师的教学能力,而且能帮助初任教师与其他教师建立良好的人际关系。

第四,教师入职教育课程能够有效提高初任教师的专业水平,从而促进其专业成长和专业发展。

二、教师入职教育课程的设计

要想教师入职教育课程取得理想的成效,一个重要的环节是做好教师入职教育课程的设计工作。

(一)教师入职教育课程的设计取向

教师入职教育课程的设计取向实际上是教师入职教育课程设计的指导思想。就当前而言,教师入职教育课程的设计取向主要有以下几种。

1.文化取向方面的课程设计

教师入职教育课程的这一设计取向,重在帮助初任教师更好地适应与融入教师文化。通常而言,初任教师在进行角色转换时,很容易因自身身份认同与新文化场域的冲突(如理想与现实的重提、个人发展愿望与教师职业前景的冲突等)而出现错位现象,从而无法融入学校文化或是需要经历很长的时间才能融入学校文化。要改变这一现象,一个重要的举措便是在设计教师入职教育课程时充分考虑初任教师的文化认同,即设计文化取向方面的教师入职教育课程。

2.技能取向方面的课程设计

教师入职教育课程的这一设计取向,重在帮助初任教师掌握教学策略、提高教育教学技能。事实上，掌握教学策略、提高教育教学技能是初任教师在入职期最为关注的内容，因而依据这一设计取向设计的教师入职教育课程更容易获得初任教师的认可与接受。

3.道德取向方面的课程设计

教师入职教育课程的这一设计取向，重在帮助初任教师增强职业法规意识，提高职业道德修养。基于这一设计取向设计的教师入职教育课程，能够提高初任教师的整体素质，使初任教师真正树立起为教育事业奉献终身的崇高理想。

4.情感取向方面的课程设计

教师入职教育课程的这一设计取向，重在帮助初任教师实现发展的愿望、意向以及专业自我的认可。初任教师刚刚进入一个陌生的职业，具有较强的专业自我，渴望得到尊重和认可。因此，有必要设计情感取向方面的教师入职教育课程设计，使初任教师获得专业上和情感上的支持，从而有效激发初任教师的发展愿望和自我效能感。

以上几种教师入职教育课程的设计取向，从不同侧面反映了教师入职教育课程的价值取向。此外，这几种教师入职教育课程的设计取向并不是完全孤立的，往往需要依据初任教师的发展需求以及学校的发展现状对其进行综合运用。需要注意的是，在对多种教师入职教育课程的设计取向进行综合运用时，必须要做到以某一种教师入职教育课程的设计取向为主。

（二）教师入职教育课程的内容设计

在进行教师入职教育课程设计时，可供选择的内容是十分丰富的。就当前而言，在设计教师入职教育课程的内容时，需要包括以下几个方面。

1.学校文化

在进行教师入职教育课程的内容设计时,学校文化是极为重要的一项内容。其能够帮助初任教师在了解学校的历史、办学理念、校风校纪、发展目标和近期计划等的基础上,明确自己应以怎样的面貌开展教师工作、以怎样的态度对待学生。

2.业务知识和技能

在进行教师入职教育课程的内容设计时,业务知识和技能也是不可或缺的一项重要内容。

(1)教师入职知识教育课程

教师入职知识教育课程重在提高初任教师的整体知识素养。一般来说,普通文化知识、学科专业知识以及教育理论知识等,都要纳入教师入职知识教育课程的范畴。

(2)教师入职技能教育课程

教师入职技能教育课程重在提高初任教师的整体教学技能。这里所说的整体教学技能,既包括基本教学技能,如语言技能、课堂教学组织技能、体态语技能等,也包括综合教学技能,如备课技能、上课技能、辅导技能等。

初任教师通过参与教师入职技能教育课程设计,可以尽快熟悉基本的教学常规,减少教学过程中的无效行为,提高课堂的组织与控制能力,学会如何管理学生以及应对各种教学突发事件。

3.学校规章制度

初任教师在刚刚进入学校时,对学校的规章制度不太熟悉,很容易做出违背学校规章制度的行为。因此,通过教师入职教育课程使初任教师了解学校的考勤制度、薪酬福利制度、奖惩制度、考核制度、职称评定制度、晋升制度、教师行为规范等是十分重要的。

4.专业思想

在进行教师入职教育课程的内容设计时,专业思想也是一项不可忽视的重要内容。这里所说的专业思想,主要包括价值观、职业道德、职业理想、组织承诺、不同主体的利益关系的处理方式等内容。

三、教师入职教育课程的实施

在设计好教师入职教育课程后,下一个环节便是实施教师入职教育课程,以帮助初任教师具备一名上岗教师的合格素质。

(一)教师入职教育课程实施的原则

教师入职教育课程的实施必须遵循一定的原则,其中较为重要的有以下几个。

1.需求性原则

教师入职教育课程实施的需求性原则,指的是在实施教师入职教育课程时,要充分考虑到初任教师的发展需求,切实尊重初任教师的感受,帮助初任教师顺利渡过入职之初的“危机期”。

初任教师在刚刚进入教师岗位时,往往对教学充满信心和热情,他们满以为运用自己在课堂上学习的学科知识、普通文化知识和教育学知识就可以应对课堂上的教学,在工作之初他们往往认真负责,依靠自己的知识和努力希望能够得到领导和同事的欣赏,受到学生的普遍欢迎。但是,初任教师的这一理想常常受到现实的冲击。这是因为,初任教师在进入教师岗位后所面临的是对教材的陌生、对学生的陌生、对同事的陌生,对备课、上课、学生管理和常规教学的陌生等,这使得他们常常感到郁闷,感到自己的劳动价值和知识价值在教师岗位上不能得以体现。如此一来,初任教师很可能对教师职业失望。在此时,就需要实施以初任教师为对象的教师入职教育课程,以帮助初任教师正确认识理想与现实的关系,以尽快适应教师岗位。

2.发展性原则

教师入职教育课程实施的发展性原则,指的是在实施教师入职教育课程时,要注重提升初任教师的专业化水平,促进初任教师的可持续性专业发展。只有这样,初任教师才能不断获得专业成长,继而在教育领域发挥更大的作用。

3.实践性原则

教师入职教育课程实施的实践性原则,指的是在实施教师入职教育课程时,要注意帮助初任教师将理论与实践联系起来,使初任教师学会把理论运用于实践,并在实践中提升自己的专业发展水平和整体教学水平。

(二)教师入职教育课程实施的方法

在实施教师入职教育课程时,要想取得良好的成效,必须要借助于一些有效的实施方法。就我国而言,在实施教师入职教育课程时,可以运用的方法有以下几个。

1.课堂讲授法

这种教师入职教育课程的实施方法有助于对初任教师需要掌握的理论知识和教学技能进行系统讲解和传授;有助于对课程的实施进度进行有效把控;有助于降低实施成本等。因此,在实施教师入职教育课程时,课堂讲授法是最常用的一种方法。

不过,这种教师入职教育课程的实施方法具有明显的信息单向传递特点,因而难以充分调动初任教师的参与积极性和主动性。此外,这种教师入职教育课程的实施方法缺少实践和反馈的环节,无法丰富初任教师的实践教学经验,也无法依据初任教师的反馈及时对教师入职教育课程进行修改与完善。

2.角色扮演法

这种教师入职教育课程的实施方法,就是设定一个最接近实际教学现状的教育环境,让初任教师通过扮演和理解角色,实现提高自己面对现实、解决实际教学问题的能力的方法。该方法能够帮助初任教师掌握基本的教学技能,明确教师在教学活动中应具有的态度和言谈等。

3.案例分析法

所谓案例分析法,就是围绕一定的教师入职教育目的,把实际工作中的真实情景加以典型化处理,并用一定的视听媒介描述出来,让初任教师进行分析,学会诊断、解决问题并做出决策。

这种教师入职教育课程的实施方法,有着较强的真实性和实用性,而且能充分调动初任教师的参与积极性和主动性,因而运用较为广泛。

4.录像法

在实施教师入职教育课程时,录像法也是一种常用的方法。所谓录像法,就是学校自制或购买教师入职教育课程的录像资源,以录像的形式对初任教师进行入职教育。

这种教师入职教育课程的实施方法,有助于初任教师在反复观看和推敲优秀教师的课堂教学及其问题解决方式的基础上,丰富自己的教学经验。不过,这种方法缺乏实际的教学情境,难以使初任教师获得切身体会,也不利于初任教师与指导教师之间进行有效的交流。因此,在运用这种方法时应注意与其他方法相结合。

5.讨论法

这种教师入职教育课程的实施方法,允许初任教师将自己在教学中遇到的问题、困惑以及想要了解的情况等提出来,与资深教师进行充分的讨论与交流,从而有效提高自己的教学技能、丰富自己的教学经验等。

在运用这种方法时,要避免使其流于形式,或者成为变相的课堂讲授,或者谈论主题被无效的讨论冲淡等。

第五节　确保教师入职教育有效开展的举措

教师专业发展既具有一般教师发展的阶段性和全面性,也具有成人学习的自主性和终身性。因此,在开展教师入职教育时,既要尊重教师发展的特点,也要充分考虑到成人学习的特点。基于此,我国在确保今后对教师入职教育进行有效开展时,可以采取以下几个有效的举措。

一、建立健全与教师入职教育相关的政策保障体制

教师入职教育的广泛、有效开展,离不开与其相关的政策和法律法规的保障。在当前,我国还没有出台与教师入职教育相关的专门性政策和法律法规,只是将初任教师在适应期内的教育或培训作为教师继续教育的一部分,并没有突出入职教育在教师专业发展中的独立地位。如此一来,教师入职教育在教师专业发展中的重要而独特的作用就不能得到有效的凸显。因此,在今后要想推动教师入职教育的顺利开展并取得良好的成果,必须要重视建立和完善与其相关的政策和法律法规,即要将教师入职教育作为一种教师教育制度以法律或法规的形式确立起来。

二、积极构建完善的教师入职教育组织和管理体系

在教师教育的过程中,入职教育起着承前启后的作用,并涉

及众多的机构和人员。在这种情况下,要想确保相关机构和人员得到有效协调,教师入职教育的功效得到充分发挥,就必须积极构建完善的教师入职教育组织和管理体系,注重实现地方教育行政部门、教师职前培养机构和学校之间的相互协调、相互合作(图 6-1)。

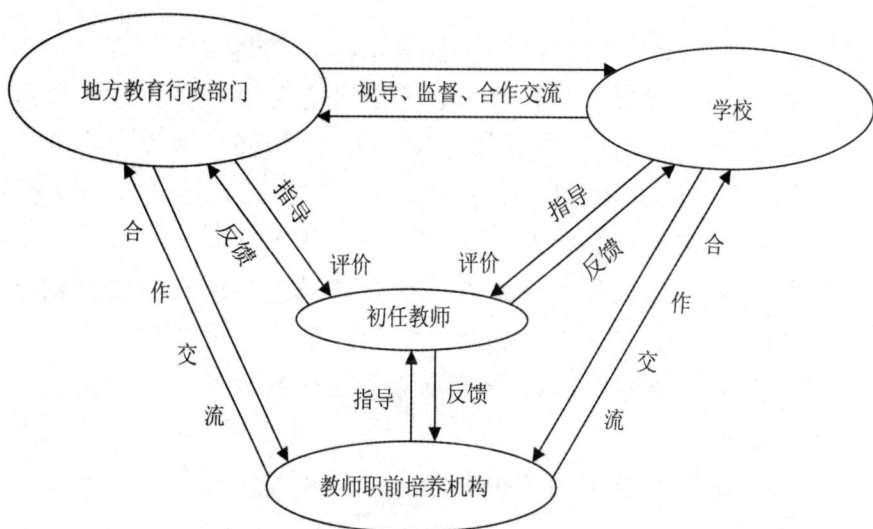

图 6-1　教师入职教育的组织和管理结构图

(一)地方教育行政部门

一般来说,地方教育行政部门承担着对当地教师入职教育进行领导与管理的责任。为此,地方教育行政部门应专门设立"教师入职教育领导小组",制订与本地发展实际相符合的教师入职教育方案,指导教师入职教育的顺利开展,确保教师入职教育能够取得良好的成效。

(二)教师职前培养机构

积极鼓励教师职前培养机构参与教师入职教育,也是促进教师入职教育进一步发展和完善的重要举措。在当前,绝大多数教师职前培养机构并未把教师入职教育视为自己分内的事情,也未参与到教师入职教育中。这不仅导致教师入职教育无法得到有效、广泛的开展,而且导致教师职前培养机构难以承担在初任教师入职教育方面的责任。因此,在今后从事教师入职教育时,应积极引导教师职前培养机构参与其中。

(三)学校

在开展教师入职教育时,学校也承担着极其重要的责任。一般来说,学校可以成立专门的"初任教师校内指导委员会",负责对本校的初任教师进行辅导与考核。为此,初任教师校内指导委员会需要做好以下几方面的工作。

第一,要定期开展针对初任教师的辅导活动。

第二,要积极动员学校中教学综合素质较高的教师参与到教师入职教育中,为初任教师提供一定的教学支持与帮助。

第三,要定期组织本校指导教师和初任教师的交流、讨论、学习等活动。

第四,要经常性地组织初任教师参与教学演示、教学观摩和专题研讨活动。

第五,要重视对初任教师的考核与评价,以督促初任教师不断发展和完善自己。

三、切实保证教师入职教育的经费投入

教师入职教育的顺利开展,离不开一定的经费支持。没有必要的经费投入,再好的教师入职教育计划也难以付诸实施。因此,在今后要推动教师入职教育的进一步发展,必须要确保其具有足够的经费投入。

要保障教师入职教育的经费的充足性,除了要依靠地方政府的财政拨款外,还要通过其他的渠道来筹措经费,如吸引社会资本参与教师入职教育等。

四、进一步完善导师指导制度

在开展教师入职教育时,由导师对初任教师进行个人和专业发展的指导非常重要。因此,必须积极构建与教师入职教育相关的导师指导制度。在这一过程中,以下几方面要特别予以注意。

第一,要严格按照一定的标准和程序来选拔指导教师,确保其具有丰富的教学经验、客观公正的评价能力以及担任指导教师的人格特质。

第二,要积极提高指导教师对初任教师的指导积极性。

第三,要加强对指导教师的培训,培训内容包括同伴辅导、实践指导、教师评价、成人学习理论、人际关系理论、冲突解决、反思型实践、行动研究等。

五、不断丰富教师入职教育的形式

在当前,我国教师入职教育主要采用集中培训和教学指导两种形式,对其他形式的运用则很少。事实上,每种教师入职教育形式都有其优势和不足,只有综合运用多种形式,才能实现优势互补,继而获得最大的效益。因此,地方教育行政部门和学校应尽量为初任教师提供多种入职教育途径,以促使初任教师的专业能力能够不断得到提升。

第七章 职后培养：教师职后教育探究

目前，我国对教师的职后培养的重视程度相较教师职前教育的重视程度要低一些。事实上，职后教育能不断提升教师的职业素养，促使教师不断丰富自己的教育能力，从而使教师在教育教学实践中不断进步，为国家培养优秀的人才。因此，加强教师的职后教育也十分重要，本章将对这部分内容进行分析。

第一节 教师专业化发展中开展职后
教育的意义与策略

一、教师专业化发展中开展职后教育的意义

（一）教师的专业化发展需要开展职后教育

教育教学工作是一项集理论性、知识性、实践性和经验性于一身的工作，这就决定教育教学能力提高是一个相当长、需要不断学习、不断接受教育的过程，这就要求教师注重专业化发展，并不断学习，否则在教育过程中可能出现教学素养跟不上时代发展步伐的情况。因此，教师应坚持不断学习、不断接受教育，职后教育是教师进入教师岗位一段时间后对其进行的继续教育，它并不是对少数不合格教师才有价值和意义，是一种达标、合格教育，对每位教师来说都具重要的意义，它是教师专业化发展的需要。

（二）社会发展需要开展职后教育

20 世纪 90 年代以后，随着科学技术的快速发展，知识总量迅速增加，经济和社会生活发生剧烈变化，不仅对个人的生存和发展提出了挑战，而且使终身学习成为社会共识。对于任何一个职业而言，仅靠职前教育已经不能适应知识爆炸和社会对教师职业的挑战。

一方面，由于网络信息技术的快速发展，人们进行信息传递的手段已经发生了变化，越来越多的个体选择通过互联网来传递信息，这种多对多的信息传递模式使得信息资讯被广泛传播，进而增广了个体对知识的了解面，学生也可以通过网络获得教育教学之外的其他各类信息，从而对教师的知识传授地位提出挑战，若教师依然保持传统的观念，不积极进取，不参加职后教育，很有可能会因知识储备不足而被抛在时代的后面，无法满足学生的信息需求，自然也无法做好教育教学工作。

另一方面，网络时代的快速发展，使得教师的角色也随之发生变化。现代社会的复杂性空前提高，人们在社会中遇到的问题也是前所未有的复杂，学校虽然依然能给学生提供相对单纯的"象牙塔"环境，但手机网络、学校教育社会化程度的提高、人们思想观念的改变等，也对学生的社会生活产生重要影响。在这种情况下，教师不仅要像过去一样关心学生的成绩，还要关注学生在网络时代的生活环境和心理状况，如因父母离婚导致的单亲家庭，因娱乐环境引导出现的粉丝问题等，这些都会对学生的日常学习与生活产生影响，教师必须对其予以关注，只有这样才能切实做好学生的教育工作，也才能适应现代社会的需求。而这些问题的产生都是随着社会的发展不断出现的，教师只有积极接受职后教育，不断增进对学生、对社会发展的认知，才能不断发展自我、提高自我，也才能适应现代社会对教师职业的要求。

（三）教师教育改革需要开展职后教育

随着各国教育改革的蓬勃开展，"教师素质是教育改革与发展的关键"已经成为世界各国的共识。以美国为例,在 21 世纪初,美国就已把加强教师职后教育作为改革教师教育,提高教师素质的重点,2000 年教育目标共有七条,其中的第七条明确提出,所有教师应有机会接受培训,不断提高其职业技能和专业水平,以便能更好地指导和培养学生。为了造就高素质的专业队伍,美国不但建立了比较完善的校本培训制度,还在绝大多数州实行了教师任职许可证有效期,取消了教师永远任职的可能性,敦促教师在入职后也要不断参加继续教育。不仅美国,英国、德国等也十分重视教师的职后教育,纷纷制定相关措施推动教师职后教育的发展。总之,目前世界各国都在进行着教育的改革,都期望通过教育的改革来促进社会和经济的发展。而这一切都离不开教师素质的提高,离不开教师职后的学习和培训。

世界各国均在推动教师教育改革,我国自然也不例外。在我国,近年来国家越来越重视教育改革的实施,教师作为国家教育改革的重要实施者,其本身素质的高低会直接影响教育改革实施的效果。因此,近年来我国也十分重视教育教育改革,意在通过改革教师教育来不断发展师资力量,推动教育改革的实施。教师教育改革在实施的过程中,除了要求不断提高教师的各项素养、更新教师教育观念,还十分重视教师的继续教育,即通过职后教育来提高教师的各项素养,使其能跟得上时代发展的步伐。

二、教师专业化发展中开展职后教育的策略

从教师个体的专业化发展需求看,职后教育不仅要满足他们的学历教育需求,更要满足以新理念、新知识、新技能为主要内容的业务提高需求;不仅要帮助他们更新知识与观念、提高技能与能力,还要增强他们科研、创新的意识与能力。具体来看,在专业化发展进程中,开展教师职后教育可从以下几个方面着手。

(一)完善教师继续教育制度

继续教育是面向学校教学以后所有社会成员特别是成人的教学活动,是终身学习系统的主要组成部分。它是教学安排依据社会和大众需要展开的使受教学者更新知识、进步创新能力和个人素质、进步社会成员受教学水平为意图的教学活动。教师以教书育人为本,这一职责不仅要求教师要有丰富的知识和德行修养,而且要求教师要紧随时代发展的步伐,具备先进的文化素养。因而,教师必须时时更新自己的知识,不断充实和补充职业发展最新成果,这是教师完成自己的使命、获得专业发展的必然要求,也是教师职业化的重要内容。因此,在当前深化教育改革、提高教育质量的背景下,如何有效地组织与实施教师继续教育,促进教师专业发展,提升教师综合素质,进而提高教育质量,是我国教育改革过程中一个亟待解决的问题。近年来,我国已经越来越重视对教师的继续教育,但要想真正推动教师继续教育,还需要不断完善教师继续教育制度。具体来看,完善教师继续教育制度可从以下几个方面着手。

第一,树立"教师发展是学校可持续发展的核心竞争力"理念,以提升教师整体素质为核心,以骨干教师培养为重点,以促进教师专业发展为主线,加大学科带头人和骨干教师的培训力度。

第二,中央、省、市、县区政府要高度重视在职教育的继续教育工作,各级政府教育行政部门都应成立"教师继续教育工作领导小组",制定科学合理的教师继续教育规划、方案,并且加大财政投入力度,建立在职教师培训的长效机制。

第三,明确受训教师所在学校校长是教师继续教育的"第一责任人"。将学校继续教育管理纳入校长政绩考核和学校办学水平评价体系,做到责任到人、目标到人、奖惩到人,将各项工作落到实处。

第四,针对不同层次不同类型教师实行定期分层培训制度,根据教师的学历、专业技术职务、年龄、教龄,分别选派不同的教师到不同的培训机构。

第五,科学设置培训课程,合理安排主讲教师,让受训教师学有所获,真正提高培训质量;学校具体负责参训教师人选,做到公平公正,人人都有接受培训的机会。

第六,教师继续教育应向农村教师倾斜,以缩小城乡教师间的差距,如组织农村教师到城市名校跟随名师,深入课堂学习授课技能和艺术,从教学细节中品味指导教师的教学理念、教学技巧,主动反思、剖析自己教学薄弱的环节,增长并锤炼他们的教育智慧。

(二)开展多种形式的教师职后教育活动

从我国教师职后教育的情况来看,长期以来教师参与的职后教育活动都是统一制定的、单一式教育活动,但事实上,教师职后教育的需求各不相同,这些教育活动不可能满足不同层次教师的需求,这就要求根据他们的不同情况为其提供多元化的职后教育活动,以满足他们多样化的需求。面对"多样化"的培训诉求,教师职后教育组织者可按照具体培训对象的需求,研发项目、定制课程、设计活动;教学内容、教学方法和组织形式,要以工作需要为导向,为教师提供学校教学改革发展中所需要的内容,服务于学员专业生涯的持续发展,为他们的素质提升提供"增值"服务。具体来看,在实践过程中,应从校园实践情况以及战略展开需求出发,依据教师职业岗位的实践需求和教师队伍的实践情况及各类人员的改变等特点,进行不同层次的教学和培育,在训练内容上做到"缺什么提高什么,需要什么学习什么",学以致用、学用联系。例如,对农村教师和城市教师培训的内容和形式,就应该根据教师各自的特点和面对的主要问题进行有针对性的选择和设计。

(三)完善职后教育管理机制,建立教师职后教育质量确保体系

教师职后教育首要是政府行动,教学行政部门应从教师专业

展开以及全部教学工作展开的高度去认知教师职后教育的重要性，重视教师职后教育的准则建造。只要树立健全有用的运行机制，才能使这项作业继续有用进行。为此，应改变职后教育的运行机制，使职后教育的管理体系和管理机制不断地展开与完善，在法令、方针、经济、激励机制等方面清晰政府在教师职后教育中的责任，而且以法令方式规则教师专业展开是教师应尽的责任。同时，树立教师教学质量确保体系，包含树立教师资格认证考试和教师资格证书准则，对教师教学的培育者和训练者实施资格认证准则，树立专业培育及训练的规范，并加强证书颁布的质量监控与确保。教师的职后教育或在职训练应当理解为教师的资格认证更新的进程的训练，而不仅仅是一种学历进步的进程训练。

（四）根据教师职业发展的阶段采取不同措施推动教师完成自我成长

教师从教生涯是由入职、熟悉、适应、发展和衰退几个阶段构成的，每个阶段都有其自身的特点，只有结合这些特点来进行教师的职后教育，才能取得较好的效果，实现教师的自我成长。我们以伯林纳和本纳对教师发展阶段的划分理论为依据进行分析，教师在职业生涯中会经历新手阶段、胜任阶段、熟练阶段、专家阶段。新手阶段指教师刚入职的两三年，这一时期教师积累了一定的经验，使教学能够超越前一时期，但工作经验仍显不足，对于突出事件往往束手无策，容易坚守原则而犯教条主义的错误，缺乏灵活性。胜任阶段大概在教师入职后的三四年，这一时期教师经过前一阶段的积累，掌握了教育教学的基本规范并能胜任具体的教育教学活动，从而更加投入地从事教育教学工作，并有了进一步发展的内在需求。熟练阶段大约为从业的第五年，在这一时期，教师虽对教学情境已有了直觉感受，并能够运用这种直觉感受处理具体问题和对新的教学情境进行有效的预测，但需进一步提高预测的准确性，并将经验向理论提升。专家阶段在教师从业十年以后,这一时期他们已经有了丰富的教学经验和教育知识,并在长年累月的教育教学活动中掌握了丰富的教育手段和教学方法,能结合学生的特点调控教学活动以获得最优的教学效果。但这一时期,他们也面临教育观念老化、僵化和教学方法陈旧等问题,需要紧跟时代发展不断更新教育理念。从这些分析中可以看到,在不同的阶段教师面临的问题是不同的,只有结合这些不同的特点开展教师职后教育,才能取得良好的教育效果。

第二节　教师职后教育课程的设计与实施

一、教师职后教育课程的设计

教师的教学知识并不完全取决于教师的职前教育培养,而是在很大程度上取决于教师职后持续不断的学习和提高。因此,教育实践课程既是教师职前培养课程中的重要部分,也是教师职后教育课程中不可缺少的内容。而要想取得较好的教育效果,必须做好教师职后教育课程的设计。

(一)教师职后教育课程设计的依据

伟大思想家恩格斯曾提出这样一个观点,即每一个时代都会形成一定的理论思维,这些思维是各个时代哲学观与教学观形成的基础。教师教育的发展也是如此,在不同时期不同的思想融入并参与其中,形成了不同的教师教育思想。而从当前的社会形势来看,教师职后教育课程也是有一定理论基础的,进行教师职后教育课程设计自然也要遵守这些理论。具体来说,这些理论包括以下几个方面的内容。

1.终身教育理论

终身教育思想起源于成人教育活动的开展。18世纪中叶,近代产业革命的策源地英国根据工业社会发展的需要率先突破了传统的教育模式,通过各种途径对校外学生进行教学和职业技术培训,开始了最早的成人教育活动。第二次世界大战以后,科技革命的兴起加速了科技更新,引起社会经济结构的巨大变化,使得职业的更替和迁移日益频繁,极大地影响着人们的工作方式和生活方式,人们越来越清楚地认识到传统教育的弊端。20世纪70年代,英国詹姆斯·波特把教师教育分为基础教育、专业教育、在职培训三个阶段,提出了"师资培养一段制"以来,教师职后训练在世界各国已经引起了人们的广泛重视。20世纪90年代以后,随着知识更新速度的加快,教师发展成为影响其兴业效率的重要因素,在新时期终身教育的理念更是随着人们对社会认识观念的改变逐渐深入人心,成为教师提升自我的必要准则。我国对教师的终身教育也十分重视,教育部在下发的《关于"十五"期间教师教育改革与发展的意见》中明确指出,教师要以终身教育思想为指导,结合教师职业发展的特点,开展科学合理的教育培训。因此,教师职后教育课程在设计上也要以终身教育理论为依据,科学开展职后教育。

2.教师知识构成理论

职后教育课程的设计最终是以提高教师的职业素养、促进教师专业化发展为目的的,这就要求在设计教师职后教育课程时必须遵循教师的知识构成理论。在学术研究领域,学者们对教师知识构成的有不同的看法,并提出了不同的理论观点,如表7-1所示。

表 7-1　关于教师知识构成的几种权威观点①

研究者	教师知识的构成
舒尔曼	学科知识内容、一般教学法知识、课程知识、学科教学法知识、有关学生的知识、有关教育情境的知识、其他课程知识
泰默	课程的知识、学生的知识、教学的知识、评价的知识
玛科斯	学科教学目的的知识、学生理解学科的知识、学科教学媒体的知识、学科教学过程的知识
格罗斯曼	学科内容知识、学习者和学习的知识、一般教学法知识、课程知识、情境知识、自我知识
博科、帕特南、博利纳	一般教学法知识、教材内容知识、学科教学法知识
考尔德黑德	学科知识、机智性知识、个人实践知识、个案知识、理论性知识、隐语和映象知识
斯滕伯格	内容知识、教育法的知识(具体的)、实践知识(外显的、缄默的)

以上观点虽然各不相同,但总体来说,教师的知识构成大致可归为学科知识、一般教学知识、教学内容知识以及关于情境的知识,即教师在教育教学中应该传授给学生的知识,以及如何传授这些知识的知识。它们是教师从业的必要因素,教师只有不断学习这些方面的最新知识,才能跟得上时代发展的速度,也才能真正实现专业化的发展。

3. 教师专业发展理论

教师是教育活动的直接组织者与实施者,是教育活动的关键主体,是决定教育活动实施成效的核心因素,要想提高教育质量,必须重视教师的专业发展。1966 年,联合国教科文组织与国际劳工组织在《关于教师地位的建议》中提出应当把教师职业视为专门职业,此后教师专业发展的理念逐渐传播,并获得广泛认可。

---

① 李华.地方高校青年教师专业发展研究[M].成都:西南交通大学出版社,2014:32.

从字面意思上来看，教师专业发展是指教师专业素质结构不断变化、演进和丰富的过程。从逻辑意义上来说，教师专业发展是指教师的专业成长过程，即教师作为专门的职业人员，其专业素养从不成熟到相对成熟的发展历程。在不同的时期，教师的专业发展可能呈现不同的特征。不少研究者在研究教师专业发展的过程中，都在一定程度上丰富了教师专业发展周期理论，从而为教师职业发展的引导奠定了基础，这一理论也成为指导教师职后教育课程设计的重要依据。

　　在教师职业生涯周期理论的研究中，美国杰出学者费斯勒的观点十分具有代表性。他通过对教师日常教学的观察了解、对160位教师的访问晤谈，以及对发展阶段等相关理论的文献考察，并在借鉴该领域先期研究成果的基础上，推出一套动态的教师生涯循环理论，从整体上探讨教师生涯的发展历程（图7-1）。

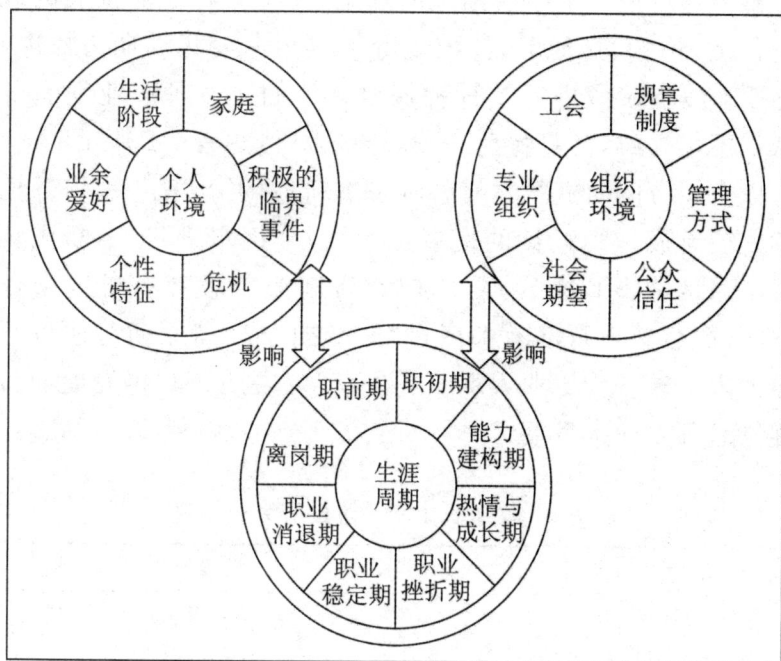

图7-1　教师职业生涯周期模型[①]

---

　　① 李明善.教师专业发展论纲［M］.长春:吉林大学出版社,2011:34.

根据费斯勒的观点,职前期是教师的培养期;职初期是教师任教最初的几年,他们会努力适应日常教学工作,努力寻求学生、同事和领导的认可;能力建构期是教师寻找新的资料、方法和策略,建构属于自己的教育体系的时期;热情与成长期是教师在已经具有较高水平的教学能力的基础上不断创新、改进、丰富自己的教学,以提高职业满意度的时期;职业挫折期是教师在工作上遭遇挫折,工作满足程度逐渐下降,开始怀疑自己选择教师这份工作是否正确的时期,也是教师表现出职业倦怠期的时期;职业稳定期和职业消退期是教师职业热情彻底消退的时期,这一时期的教师只做分内的工作,不会主动追求教学事业上的卓越与成长,只求无过,不求有功;离岗期是教师准备离开教育岗位的低潮时期。费斯勒的教师生涯循环论,特别是其对教师发展的阶段描述,提供了一个较为完整的纵贯教师生涯的理论架构,具有重要的理论参与价值。除了费斯勒的理论,关于教师职业发展的理论还有很多,伯顿、司德菲、休伯曼等人以生命变化周期为标准,对教师职业发展阶段进行了种种探讨。他们对教师职业发展阶段的认识不尽一致,各具特色,异彩纷呈,具体如表7-2所示。

以上学者的研究虽然对教师发展阶段的分法不一,但都把教师的发展看成一个连续的发展历程,一个逐步进步、不断成熟的过程。对教师教育来说,将职前教育和职后教育有机地结合起来,通过职后教育帮助教师度过"歧变期"或"高原期",使教师由非专业人员转变为专业人员顺利进行"发展期"和"再发展期",从而促进教师专业的发展。

表7-2　教师职业发展阶段研究一览表

名称及研究者	阶段划分
教师发展阶段(伯顿)	求生存阶段 调整阶段 成熟阶段

续表

名称及研究者	阶段划分
教师生涯发展模式（司德菲）	预备阶段 专家阶段 退缩阶段 更新阶段 退出阶段
教师职业周期主题模式（休伯曼）	入职期（求生和发展期） 稳定期 实验和歧变期 重新估价期 平静和关系疏远期 保守和抱怨期 退休期
自我更新阶段论（叶澜、白益民）	非关注阶段 "虚拟关注"阶段 "生存关注"阶段 "任务关注"阶段 "自我更新关注"阶段

（二）教师职后教育课程内容的设计

综观中外教育理论，在教师职后课程设计时需要处理好教师发展与社会发展、逻辑结构与受教育者的心理结构、教师的知识系统和社会需要的关系。其中，割裂教师发展与社会发展的关系可能导致偏向"受教者中心"或"社会中心"；使逻辑结构与受教育者的心理结构统一起来，以便消除"学科中心"与"受教育者中心"各自的缺憾；兼顾教师的知识系统和社会需要的关系才能使教师职后教育课程的内容更加科学。只有处理好这些关系，才能对教师职后教育课程设计进行优化。

从世界范围来看，各国均十分重视教师的职后教育，在职后教育课程的内容设计上都践行了理论和实践相结合的原则，提倡教师参与培训课程及内容的确定，并将教师感兴趣的，从教学实践中提炼出来的专业性强、应用价值高的经验上升到理论加以认识，使之能够运用所学的教育观念和方法自觉地指导自己的教育实践，以贯彻专业教育理论与实践研究活动两翼并举，教育理论课程设置和教师教育实践改进密切结合的思想，从而增强教育课程的吸引力。就我国来看，虽然国家十分重视教师的职后教育，但在职后教育课程内容的设计上还存在一些问题，如存在擅自、随意拼凑课程的现象，课程内容陈旧、重复，教师"学不能用，所学非用，学有困难"现象较为普遍。之所以出现这些问题，原因在于：一方面相关的教师职后教育部门不了解教师的实际需求，未能很好地把握教师职后教育的发展趋势，不知道一线教师的需要，导致课程设置的盲目、重复和无目的；另一方面，无论是继续教育部门还是教师本人，他们都存在着传统的课程观念，导致虽然课程内容上有所变化，但课程结构并没有太大的改变，造成教师职后教育课程设计依然存在问题。针对这种现象，在进行教师职后教育课程内容的设计时，需有对不同培训对象的不同培训目标项目与水平层次的区分。也就是遵循教师成长规律，以教育教学实践经验积累水平为主要依据，以新教师上岗为起点，划分培训对象层次，并依据对象层次确定前后衔接的目标层次序列。原则上，每周期完成一级内容层次任务，逐步地由新手型教师成长为专家型教师。唯有如此，不同层次水平的教师才会有参加职后教育的积极性。对教师目标层级的划分具体设想如图 7-2 所示。

其中，各层级目标的具体要求，则可因时因地有所高低宽窄。先进地区的适岗目标要求，必然高于后进地区；未来教师的适岗要求也必然高于当前。对脱颖而出的优秀青年教师，在完成一级目标的进修任务后，可以有条件地允许其提前进入上一层次目标培训。

（三）教师职后教育课程形式的设计

设计教师职后教育课程的形式也是教师职后教育课程设计的一个重要内容，一般来说，教师职后教育组织者会将教师职后教育课程的形式设计为以下几种形式。

适岗新手型	敬业爱岗，掌握课程标准、教材和一般教学方法、教学常规，能正常地组织教育教学，掌握常用现代教学手段
熟练技能型	在适岗基础上掌握学科教学理论并能灵活运用，独立设计符合学情的教学方案，能反思教学得失，能熟练运用现代化教学手段
骨干创造型	较系统地掌握教学理论、哲学方法论和一般教学论，对所教学科某一侧面有较深研究，提出改革方案、措施
名师专家型	能根据社会发展和学情变化，从教育教学实践中提出课题并进行研究，获取成果用于教学，不断提高教育教学水平

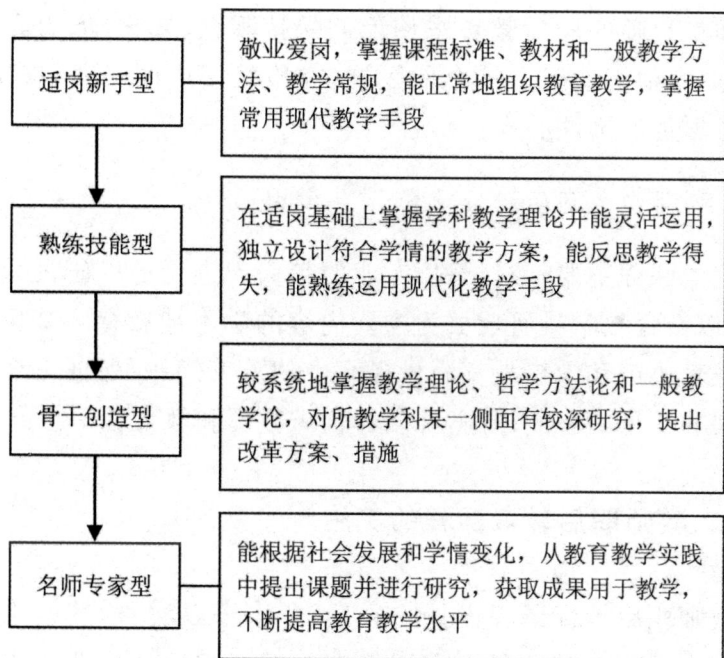

图 7-2　教师职后教育层级划分表[1]

1. 骨干型教师的职后教育

这类课程一般会有目的地选拔那些有较好素质和培养前途的教师，经过高层次系统学习，培养成为学科带头人，形成新的骨干教师队伍。这对于提高教育质量，克服当前骨干教师"青黄不接"是特别重要的。这包括提高学历层次的教育，更新学科知识、能力的教育，教研工作教育等。

2. 更新型教师的职后教育

这类课程主要是针对那些已经从业多年的教师的，他们经过了多年教师职业生涯，已经拥有丰富的教育教学经验，但可能存在思想僵化、思维固定等问题，这不利于教师的发展，因此可以通

---

① 刘春梅.新课程三维目标下的教师素质[M].郑州:河南人民出版社,2010：352.

过更新型教师的职后教育来使他们保持观念、知识、能力先进性的教育,使他们能跟上社会的发展,克服发展中的"高原现象"和随年龄增加的惰性心理。

3. 研讨型教师的职后教育

这类课程主要是对学科、专业的带头人进行的以研讨为主要形式、以教育教学科研攻关为主要内容的学术性教育。其目的是解决教育改革和学校教育质量提高中的重大问题,保证教育的健康发展和质量的不断提高,并培养优秀教师和教育教学专家。

二、教师职后教育课程的实施

教师职后教育课程设计完成后,若不予以实施,其效果也无法体现。因此,及时、科学合理地实施教师职后教育课程十分重要。而要想教师职后教育课程取得好的效果,必须重视课程实施的主体,遵循科学的实施原则,选择合理的实施途径。

(一)教师职后教育课程实施的主体

一般来说,教师职后教育课程实施的主体有三个:一是高校或教师进修学校,二是教师任职的学校,三是教师本人。

1. 高校或教师进修学校

在现代教师职后教育课程实施的主体中,高校或教师进修学校是最常见的一个,这类机构有着丰富的教师职后教育经验和资源,并对教师职业发展有着深刻的认知,因此能担当起教师职后教育的重任,他们会设计相关的教育课程,组织教师在特定时间进行计划性和针对性的职后教育。

2. 教师任职的学校

教师任职的学校也是教师职后教育课程实施的主体,这些学校对教师在职业生涯中存在的问题有较为细致、深刻、全面的认识，因而可以更好地开展教师职后教育。这类学校在实施教师职后教育课程的过程中，通常以学科为单位，以教研活动或教学观摩活动为主要形式，以学科教学成果提高为主要目的。另外，学校实施的教师职后教育课程多是常规性的，在深入性方面还有待提高。

3.教师本人

教师本人对自己的情况是最了解的，只有教师本人在实施职后教育课程的过程中积极主动地参与，才能充分发挥自我学习、自我发展的积极性，也才能保证教师职后培训课程在实施后取得应有的效果。

此外，在实施教师职后教育课程的过程中，教师可以根据自己的实际情况、优缺点、发展需要，自行设计职后教育课程，从而更加有针对性地开展自我职业教育，促进自我职业素养的提升。

需要注意的是，在教师职后教育课程的实施中，高校或教师进修学校、教师任职的学校、教师本人这三个课程实施主体绝不是彼此毫无关系、相互对立的，而是相互联系、互相配合的，只有三者密切配合，才能在教师职后教育课程实施过程中形成强大的合力，也才能确保教师职后教育课程的实施获得最佳的效果。

(二)教师职后教育课程实施的原则

教师职后教育课程在实施的过程中也要遵循一定的原则，以确保课程实施的科学性，这些原则主要包括以下几项。

1.统一性与灵活性相结合原则

所谓的统一性与灵活性相结合原则，实际上就是在实施教师职后教育课程的过程中，在确保提升教师教育教学素养的统一目标的基础上，根据教师的具体情况，在教育内容、学习深度、学习方法上做一定的灵活调整，以满足不同层次、不同水平的教师的学习需求。

2.指导与考核相结合原则

指导与考核相结合原则是指在实施教师职后教育课程的过程中,一方面要坚持对课程实施的正确领导,坚持科学有序的课程培训原则和方法,保证教师职后教育课程的方向正确;另一方面为了增强教师职后教育课程实施的效率考察,还需要及时对参与课程教育的教师进行定期与不定期的考核,以便及时发现实施中遇到的问题并予以纠正。

3.集体学习与个别学习相结合原则

集体学习与个别学习相结合的原则就是要在教师职后教育课程的实施过程中将对全体教师进行教育的方式与针对教师的个性特点开展的教育方式结合起来的原则,它主要是在全面提高所有教师职业素养的同时,提高职后教育的针对性,让所有的教师都能通过职后教育课程获得能力提升。

(三)教师职后教育课程实施的途径

1.从高校或教师进修学校角度实施教师职后教育课程

从高校或教师进修学校角度来看,实施教师职后教育课程可从以下几个方面入手。

第一,不断提高教师职后教育课程的质量与效果,并尽可能使教师职后教育课程与职前教育内容有所区别。

第二,加强对教师的学习指导工作,使教师的各方面能力都能切实得到提高。

第三,加强与教师的交流与沟通,真正了解教师在教学中遇到的问题以及教育需求等。

2.从教师任职的学校角度实施教师职后教育课程

从教师任职的学校角度来看，实施教师职后教育课程可从以下几个方面入手。

第一，在明确学校的办学理念和发展目标的基础上，对教师职后教育课程的内容、实施方法等进行明确。

第二，为教师职后教育课程的实施创造良好的环境，包括硬件环境（如教学设施等）和软件环境（如教师的终身教育意识等）两个方面。

第三，要在教师需求的基础上，设计出内容多样且针对性强的教师职后教育课程。

第四，不断探索和完善适合教师职后教育课程设施的模式，如缺陷弥补模式、问题解决模式、成长模式等。

3.从教师本人角度实施教师职后教育课程

从教师本人角度来看，实施教师职后教育课程可从以下几个方面入手。

第一，要及时对自己的教学工作进行总结与分析，并及时发现自己在教学中遇到的问题，明确自己的教育需求。

第二，要积极、主动地参与到教师职后教育课程学习中，并确保自已通过教育能够真正有所收获。

第三，在接受了教师职后教育课程学习后，要及时进行反思与反馈，以便教师职后教育课程的实施效果能落到实处。

第三节　教师职后教育的典型形式——校本培训

校本培训是指为了满足学校和教师的发展目标和需求，由学校组织发起，以学校为培训基地，以教师为培训对象，充分利用校内外的培训资源，组织教师在岗研修和学习的开放性培训活动。

它也是教师职后教育最典型的一种形式。本节主要对校本培训进行分析。

一、校本培训的内涵

要理解校本培训,首先要知道什么是校本。校本可以理解为以校为本或学校为本。校本有三层含义,即为了学校、在学校中和基于学校。为了学校,是指学校自身应成为发展的中心和根本,学校的一切办学和改革措施都要有利于本校的成长与发展,最终有利于教育对象的发展。为了学校,主要是以解决自身存在或即将出现的问题为对象。基于学校,是指教育改革的主阵地是学校。要从学校的实际出发,组织开展的各种教学与培训、各类研究与课程建设、改革等,以推动教师的发展。在学校中,是指学校改革与发展问题,需要经过学校中的教育实践者主体——"教师"来完成,需要通过教师集体研究、讨论、分析来解决,形成的措施方案需要在学校中进行检验、实践和运用,挖掘全体教师的创造潜能,让教师真正参与和主导教育改革全过程。

校本培训是教师专业可持续发展的有效途径之一。教师素质的提高绝不是单一地通过组织培训就可以实现的,必须建立一种能够不断激发教师内在发展动力的发展性培训机制和手段。校本培训就是这样一种手段,它是在教育行政部门、教师培训机构的规划和指导下,由中小学校长组织和领导,教师任职学校自主开展,紧密结合学校的工作实际,以提高学校教学质量和办学效益、促进教师专业发展为目的的教师在职培训形式。

校本培训与传统的教师培训具有一定的差异。首先,在传统的培训中,规划和管理般都是由教育行政部门负责的,是在校外培训机构中进行的,教师只是接受培训,没有参与规划和管理的主动权。而校本培训的组织者主要是教师自身,培训内容是依据教师和内部需要而设计的,培训活动多在校内进行,教师无需离开工作岗位就可接受培训,使培训工作和教学工作有机地结合了起来。其次，传统的教师培训存在着工学之间的矛盾，这就决定了这种培训只能是短时间内进行的或"充电式"的；而校本培训克服了传统培训中的工学矛盾，培训活动可以被纳入全年学校方案内，由专人负责策划、执行及评估，实施系统规划的、连续的培训。最后，传统的培训活动的规划是面向教师的集中培训做出的，因此培训工作往往大而化之，流于形式，难以满足情况各异的所有的培训教师和学校的需要；而校本培训是一种有针对性的个别化的培训方式，培训活动是根据教师和学校的实际需要拟定的，因此它满足的不是教师的一般需要，而是教师和学校的个别化需求，有利于教师的职业发展。

二、校本培训的取向

校本培训的取向主要探讨的是"培训什么"的问题，一般将其归纳为以下几方面。

(一)校本培训的思路取向

只有教师专业水平不断提高，国家的教育水平才会不断提高，教育改革的目的也才能实现。从这一层面来说，教师素质的高低直接影响教育强国战略的实施效果。而从实践情况来看，部分教师教育观念僵化、知识结构单一、创新精神与创新能力不足，这就要求在校本培训中首先要扭转教师的思想观念，让他们意识到继续教育的重要性。具体可从以下几个方面入手。

1. 变革教育观念

随着教学改革的不断深入，教师正在从"独奏者"的角色逐渐过渡到"伴奏者"的角色，并不断地从以教为中心转向以学为中心，从继承性学习转向创新性学习。在这个过程中，学生是具有主观能动性、充满活力的人，他们不应该处于消极被动的地位，而应是积极主动的开展学习。同时，教师要学会启发诱导的环境，提供材料、线索，引导学生观察、思考，通过自己的活动去探索、发现。从这一层面来说,在现阶段教师培训中,让受训教师"学会学习"和"学会做事"应成为教育的出发点,帮助受教育者树立全新的创造教育观,树立敢于在课程与教学领域内进行革新的开创意识,树立正确的"人才观"和"学生观",培养教师的挑战精神和探究精神,把创新教育渗入自己的课程与教学理念之中,树立现代教育和开放式教育的全新观念。

2.调整教师的培养目标

受应试教育的长期影响,教师在培养人才时,更重视提高学生的智能水平,而在一定程度上忽视了对学生思想道德、人际沟通、创新等能力的培养,造成很多学生出现"高分低能"的现象。对此,教师应不断调整培养目标,要在教育中不仅重视学生的智育,还要培养学生的创新精神,进行整体化知识教育、促进学生智力与非智力协调发展。同时,应充分体现全面发展的思想,随着教师学历合格率的进一步提高以及知识经济对未来人才的新要求,教师培训应由原来的"弥补智能结构的缺陷,加强智能结构的薄弱环节"转到重视促进教师全面发展上来。

3.进行课程与教学改革

校本培训最终是以促进教师的专业发展为己任,在培训的过程中十分重视对教师求知过程、求知方法的反思性培训,也就是说校本培训大都十分重视教师的教育教学实践能力与教育教学反思能力,这就使传统的教师教育从过去的只重视培训教师的教育教学能力向重视教师的教育教学能力开发方面转变。这也在很大程度上使校本培训与教育教学改革联系在了一起,在培训的过程中,需要综合考虑现代教育教学改革的情况、需求,以便结合这些特点开发教师的教育教学能力。

(二)校本培训的目标定位取向

从客观形势来看,树立可持续发展的意识,不断提高教师的可持续发展特性已经成为全世界推行教育改革的一个重要内容。我国在开展教师的校本培训时，也需要重视这一方面的内容，并结合这一特点科学定位校本培训的目标取向。具体来看，教师校本培训的目标定位取向可归纳为以下几个方面。

1. 发展教师的专业理论

专业理论十分扎实会直接影响教师的教育教学活动的科学性，若教师的知识结构过分的单一狭窄，贫乏必要的教育理论知识，必然无法做好相关的教育教学活动。在实践中我们发现，大多数教师通过教师资格考查和相关的职业活动已经掌握了一些教育的专业理论，但他们更多的是依赖于自己的课程与教学技能，通过形式的作秀而不是知识的更新、经验的积累而不是理论的指导、时间的堆砌而不是效率的提高来开展自己的教育教学工作。针对这种情况，发展教师的专业理论是教师校本培训的重要目标，在培训过程中，教师不仅要重视更新与拓展教育理论、学科前沿知识、教育教学研究方法，而且要不断更新教育教学理论的学习与相关的教育观念。

2. 发展教师的专业技能

专业化的教师必须具备从事教育教学工作的基本技能和能力。在传统的教育模式中，"以教师为主体"的教育思想将教师在教育中放在了一个"传授者"的地位，教师会根据教育教学的目标、任务，选择自己认为合适的方式将相关的教育知识传授给学生。而在现代教育教学体系中，课程与教学是"以对话、交流、合作等为基础的知识建构活动"，这意味着教师不再居于教育活动的权威地位，在教育教学活动中，教师要平等地看待学生，与学生展开平等的知识传授活动。在此过程中，为了提高知识传授的效率，教师必须要认真分析学生的需求、特点，结合学生的特点展开积极的、主动的引导活动，这就对教师的专业技能提出了更高的要求。同时，随着时代的快速发展，知识更新的速度不断加快，要想跟上时代的潮流,教师也需要不断提高自己的专业技能,校本培训就是以发展教师的专业技能为重要目标的一项培训活动。

3.发展教师的职业道德

党中央、国务院已经确定了21世纪我国教育发展的大政方针,吹响了全面推进素质教育的动员号。中国教育在21世纪的重大发展必将促使新的思想和理论的形成。客观现实的变化也要求教师道德随着职业的进步而不断更新。作为新世纪的教师,在加快自身素质提高的时候,应重点加强职业道德的修养。校本培训以促进教师的发展为己任,这一发展不仅包括教师专业知识和专业技能的发展,还包括教师职业道德的发展。在培训中,可以把德育培训的实施分为两个层面:一是提高教师自身的职业道德素养,使学员具有较高的政治思想觉悟和师德修养水平,能从社会发展和国家教育发展战略的高度上理解党和国家制定的教育发展方针、政策,增强其政治责任感;二是提高参训教师实施德育的水平和能力,以便能真正使学生逐步形成正确的世界观、人生观、价值观,养成健康的审美情趣和生活方式,成为有理想、有道德、有文化、有纪律的一代新人。

(三)校本培训的内容取向

校本培训的内容取向,从根本上来说就是以问题为中心。究其原因,主要有以下几个方面。

第一,随着教师可利用的教育资源的增加,对于教育新理念理解程度的增强,在职业发展历程中,教师的学习更多的是在已有经验、资源的基础上,以提高自身职业素养为目的的实践性学习。在教育教学实践中,教师可能越来越多地感受到职业发展的瓶颈,不确定的因素越来越多,学生对知识的需求也越来越复杂,在这种情况下,现代教师在职业发展中面临的压力越来越大,要想在本职业中继续有所作为,教师必须不断更新自己的教育理念,不断丰富自己的知识素养,不断提高自己的教育教学能力。因此,在设计校本培训的内容时,组织者要注意从教师的教育教学实践入手,结合不同时段教师职业发展的困惑、需求,以及时代发展的特点,利用各种新兴的、有效的方式来开展校本培训,在提高教师职业素养的同时,引导他们进行教学反思,以不断改进和提高他们的教育教学实践。

第二,校本培训不仅重视教师的职业素养培训,更重视教师的职业发展,而为了能增强教师在教育教学实践中的能力和智慧,引导教师更好地参与教育教学实践活动,在培训中必须立足教师的教育教学实践,要做到这一点必须回归教师的课堂教学本身。从教师在课堂教学中的实践表现入手,分析教师在课堂中解决问题、讲授知识、组织学生学习等各环节的问题,从而加以总结、提升,以此作为校本培训的内容。另外,通过回归课堂,让教师在具体的课堂教学中,去感受、去体味、去观察自己的教学活动,可以让教师直面自己的教育教学,去研究自己在具体的教学情境下哪些方面做得比较少,哪些方面还存在问题,只有这样,才能让教师真切地感受到自我发展的必要,并针对自己具体存在的问题进行解决,最终实现校本培训的目标。而要回归课堂教学,在校本培训的内容选择上,组织者必须从教师的具体教学实践入手,选择教师在教育教学中的真实问题作为培训内容,开展基于学校问题的研究、基于教育生活的研究、基于课堂教学的研究,将教师在教育过程和课堂教学中出现的问题、产生的困惑作为培训的起点,培训的归宿是问题得以解决。

第三,每个人都有自己的特点、不同的发展需求,教师自然也是如此。再加上不少教师参加继续教育,都是在有了一定从业经验的基础上进行的,这导致教师的学习与其他从业者的学习有一定的区别,一般将其称为"行动学习"。所谓的行动学习,就是通过解决教师在教育教学实践中出现的问题,在教师群体培训的过程中改进和反思教师的教学行为的过程,它能有效提高教师职后教育的针对性,校本培训就是一种行动学习。同时,考虑到随着社会各界对教育教学的重视程度的增加,教师大多担负着十分繁重的工作,留给教师在职发展的时间较少。因此,在传统的教师职后教育中总是存在这样一组矛盾，即教师的职后教育与其教学实践的矛盾，校本培训将这组矛盾紧密地结合在一起，让教师在教学实践中完成职后教育，既不耽搁教育教学活动，也有利于教师的继续发展。对此，在校本培训的内容选择上，组织者要有意识地更进一步开展"以问题为中心"的研究活动，以指导教师在探究的过程之中进一步将"教学问题"转化为"课题问题"，将"问题意识"上升到"课题意识"。通过培训，找出一些具有代表性的问题或是教师比较感兴趣的问题，促进教师之间关于问题解决的经验分享与交流，以便使教师了解和掌握开展校本教学研究的方法，引导教师学会持续关注教育事件和教学中产生的问题，并有意识地设计解决问题的思路，把日常的教学问题转化为研究的课题。

三、校本培训的形式探索

通常情况下，校本培训的形式主要有以下几种。

（一）专家指导

在校本培训中，组织者可以根据教师的实际情况，有计划地聘请专家来校开设讲座、开展座谈，以指导教师的教育教学工作。此外，学校可以邀请教育实践专家对教师的教学行为进行现场诊断，帮助教师改进教学方法提升教育技能。这种方式以"结对"为组织形式，以诊断、矫正为核心，能让教师在专家的指导下，从自己的实践中发现问题，探究问题，进而提出解决问题的方案。但要想取得良好的效果，学校在组织之前要先做好教师的教学活动观察工作，切实了解教师在教育教学实践中存在的问题，这样才能聘请合适的专家。

（二）自修反思

校本培训的效果与教师的自主性、积极性密切相关，若教师能在培训中自觉、主动地学习，更新知识，往往能结合自己的实际需要选择学习内容，培训效果自然较好。在培训的过程中，教师还要不断进行反思,反思自己的教育教学实际,反思自己在培训过程中的得失,这样才能取得较好的培训效果。为了做到这一点,教师要根据自己的职业发展情况分析自己职业发展期望(表7-3),并结合这些分析制订个人发展规划,撰写总结、案例或论文。教师个人发展规划应做到:充分挖掘教师的自我潜能,反映教师个人发展需求与学校发展需求的统一,内容具体,可操作,结果可度量。

表7-3 教师个人专业发展规划现状分析发展目标[①]

现状分析		
发展目标		
人生总目标		
专业发展目标	职业道德	
	德育工作	
	学科教学	
	教育科研	
分阶段目标	第一阶段	
	第二阶段	
	第三阶段	
发展途径		
学习		
行动		
反思		
成长策略		
自主学习		
实践优先		
行动反思		

① 孙志军,等.重建课程文化 场口中学多样化选修课程建设的实践与探索[M].杭州:浙江大学出版社,2015:186.

（三）研训互动

教师教育教学并不是一项单纯的工作，教师在教学活动中不仅要考虑如何更好地、更有效地将知识传递给学生，而且要从事相应的科研活动，可以说，在教育教学活动中，科研与教学相辅相成、相互促进。教学承载科研，科研又可以增进交流、传播经验、促进教学。尤其是在新课程实施的今天，提高在职教师的科研水平是培训的一项重要任务。研训一体化有助于在增强教师教育教学能力与素养的同时，加强他们的科研能力。在此过程中，学校要注意以下两方面的事项。一是将培训与教研结合起来。学校统筹安排并全程协调学科教学研究活动，将这些活动纳入培训的整体计划中，成为培训活动的有效载体。二是将培训与科研结合起来。学校有计划地确定集体和教师个人承担的教育教学科研课题，在课题的研究中，紧紧抓住产生的问题和困难，有针对性地进行培训。

（四）合作交流

校本培训是一项群体性活动，教师在进修的过程中，需要学会从他人身上学到知识，并结合他人的做法反思自己的教育教学实践。之所以提倡这一点是因为，尺有所短，寸有所长，不同的教师在教育教学活动中也各有特点，他们有的这方面的知识丰富，有的那方面的能力突出，在校本培训中这些教师汇聚在一起，可以形成一个庞大的共同进修的环境，在这个环境中，教师要以真诚开放的心态，自然、坦诚地与其他教师交换自己的经验和看法，分享彼此的知识、技能、经验等资源，并将各自教学中遇到的问题作为课程资源进行共同探讨，交流彼此的心得，以便共同进步。此外，在校本培训中，教师共同备课、互相听课评课等也可以达到彼此促进的作用。

四、校本培训的内容选择

(一)校本培训内容的选择主体及其依据

校本培训内容的选择主体,就是指由谁来选择校本培训的内容。各国在校本培训中确定校本培训内容的主体是有差别的。就我国的校本培训实践来看,虽然从理论上来说培训内容的选择强调要参考教师的意见,但由于我国的教育行业行政色彩较为浓厚,最终校长和教育行政部门的意见是决定培训内容的主要参考面。针对这一点,在选择校本培训内容时,需要加强教师的参与性,首先要考虑教师是否同意学习某种培训内容,这是衡量此种培训内容是否满足教师培训需要、促进教师发展的重要指标;其次要考虑让参训教师掌控校本培训内容的选择权,这是教师主体地位的体现,不仅表达了对教师的尊重,更能使校本培训真正成为教师主动参与的过程。

为了保证校本培训的科学性,在进行校本培训内容选择时,主要依据以下几个方面。

第一,校本培训的目标要以解决教师遭遇的教育教学中的问题为导向,让参训教师能通过培训促进专业发展。在这里需要注意,任何校本培训活动都应在总体目标的指导下制定明确的具体目标,而不能"为了校本而校本"。

第二,校本培训的目的是促进教师的发展,因此在选择培训内容时,要认真分析教师的需求,根据不同教师的需求采取针对性的培训措施。否则若培训内容基本照搬原有的培训模式,校本培训相对于传统的教师在职进修方式而言,仅仅意味着变换培训地点而已,并不能充分体现校本培训应有的特点和优势。

(二)校本培训内容的选择过程

校本培训内容确定的过程应体现自下而上和自上而下双重

协调和沟通的过程。所谓自下而上，就是要征集教师对培训内容的建议，并进行归纳整理。所谓自上而下，就是负责校本培训的职能部门，基于教师培训需求分析、学校和教师发展的目标并根据教育改革的趋势拟订校本培训内容，如提供新课程培训、信息技术培训、校园文化建设培训、家校合作关系培训等。这两种渠道可以是同时进行的，因为两者获取的培训内容是不相同的，甚至有些是相互冲突的，同时进行还可以增加备选培训内容的数量，防止单一渠道获取信息的缺失。有时，学校事先把校本培训的内容公布给教师，然后让教师主动提出建议或者提出新的培训内容的做法，往往会导致许多教师认为学校的这种做法是走形式的感觉，从而使得教师参与确定校本培训内容的积极性不高，最终影响校本培训的质量，这是应该尽量避免的。

通过自下而上和自上而下的双重渠道确定了校本培训内容的菜单之后，就需要从中选择以确定具体某次校本培训的内容，即进入"点菜"阶段，从而确定适合教师需要的培训内容。当确定具体培训内容之后，应向教师明确表达此次校本培训的内容，保证教师清楚了解校本培训的细节，并最终就培训内容达成一致意见。就培训内容取得教师的同意，对校本培训而言是十分重要的。也就是说，教师是校本培训内容确定的主体，他们不仅仅是培训内容"套餐"的享用者，同时拥有"点菜"并最终确定"菜单"的权力。

第八章 发展动力:教师教育模式探究

教师发展是一个持续不断的成长过程,但不是一个自然的成长过程。它除了需要教师个人的主观努力,还需要外在的教育措施予以保障。而构建有效的教师教育模式,是教师实现顺利成长的关键。此外,时代在发展,教育在改革,教师教育模式也应进行相应的变革。本章将对教育教师模式的相关内容进行详细论述。

第一节 教师教育模式的构成要素 与影响因素分析

只有积极构建有中国特色的教师教育模式体系,才能推动我国教师教育体系的不断完善,从而培养出更多优秀的、高素质的教师。而在构建有中国特色的教师教育模式体系时,必须要明确教师教育模式的构成要素及其影响因素。

一、教师教育模式的含义

所谓教师教育模式,就是从事教师教育的教育和培训主体、受教育和培训主体、管理主体之间为教育与培训教师而构建的教师教育理念、目标、教育中介物等之间形成的交互复杂的关系及其运行方式(图 8-1)。

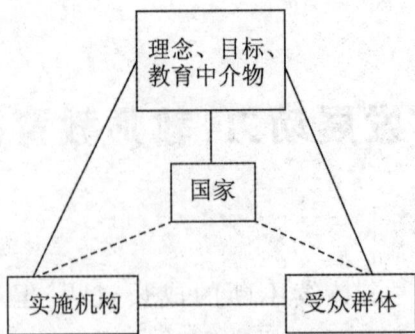

图 8-1　教师教育模式示意图①

二、教师教育模式的构成要素

对世界教师教育的发展历史进行分析可以发现,不论各国教师教育模式有怎样的不同,教师教育模式的基本构成要素都是相同的,区别在于基本要素的构成方式。具体而言,教师教育模式的基本构成要素主要有以下两个。

(一)"学术"要素

构成教师教育模式的"学术"要素,具体来说就是教师学术素养培养活动。教师学术素养培养活动是为了让教师懂得"所教",即教师要教给学生的东西。教师不懂得要教给学生的东西,教学活动是无法顺利开展的,即使开展了教学活动也无法教好学生。

"所教"是指学科方面的内容,即教什么的问题,其重点在提高教师的文化学术素养。由于初等教育学校和中等教育学校的学生在学习的内容方面是有一定差异的,因此初等教育的教师教育和中等教育的教师教育有可能是在不同的教师教育机构进行的,而且不同的交际教育机构在开展这方面的教育活动时也会存在内容方面的差异。师范教育时代,在中等教育层次的师范学校中,师范生要学习的是中等教育层次的一般的文化知识;在高等

———————

① 靳希斌.教师教育模式研究[M].北京:北京师范大学出版社,2009:4.

教育层次的师范学校中，师范生要学习的则是高等教育层次的特定的学科知识。但是，师范教育后，当人们认识到小学教师也需要相当的学术素养时，把小学教师的培养提高到高等教育层次时，小学教师培养对象所要学习的内容也便是大学的学术了。而对于中学教师而言，提高学术素养就更是题中应有之意了。

(二)"专业"要素

构成教师教育模式的"专业"要素，具体来说就是教师职业素养培养活动。教师职业素养培养活动是为了让教师"会教"，即掌握教的方式和方法。教师懂得所教，却不一定能教得好，因为教有教的方式和方法。因此，在教师教育模式的构成要素中，"专业"要素也是不可或缺的。

"会教"是指专业方面的内容，即怎样教的问题，其重点在提高教师开展教这种职业活动的素养。此外，在不同的时代，"会教"的内容也会有所不同。师范教育时代，中等师范学校不特别强调学术，因而对专业反而重视；高等师范学校比较强调学术，因而专业反而会被忽视。但是，高等学校对于学术的重视，也发展了教育学术。在教育学术层次上所强调的"会教"，同中等师范学校所重视的"会教"也是不同的。在高等教育层次上，幼儿园教师、小学教师和中学教师"会教"的不同专业要求更加突出。

总之，"学术"要素和"专业"要素是教师教育模式必不可少的两个构成要素。此外，教师教育模式的这两个基本要素并不是静止不变的，而是会随着时代的发展以及教育改革的深入不断有所发展，并且它们在变化中不同的联系与组成方式决定了教师教育模式的不同。

三、教师教育模式的影响因素

教师教育模式会受到多方面因素的影响，其中较为重要的有以下两个因素。

（一）经济与社会发展

经济与社会发展是影响教师教育模式的一个重要因素，对于这一观点，很多学者持赞同态度。

经济与社会发展对教师教育模式的影响，使得世界各国形成了多样化的教师教育模式。也就是说，不同的教师教育模式是与不同国家和地区、不同经济与社会发展水平及教育发展水平相关的。因此，我国在构建教师教育模式时，必须充分考虑我国经济与社会发展的水平。同时，教师教育模式必须随着经济与社会发展的提高而进行一定的变革。

（二）教师教育机构

教师教育机构对教师教育模式的影响，主要是通过以下两个方面表现出来的。

第一，教师教育机构的性质会影响教师教育模式。例如，独立设置的师范院校，形成了独立设置师范院校中的教师教育模式，而多科性或综合性的大学也有适应于这类学校的教师教育模式。

第二，教师教育机构的层次会影响教师教育模式。例如，中等教育层次的教师教育机构会形成中等教师教育机构的教师教育模式，而高等教育层次的教师教育机构会形成高等教师教育机构的教师教育模式。

第二节　师范院校与综合性大学的教师教育模式研究

随着经济社会的发展，教师教育模式逐渐从一元化走向了多元化。不过，就实施主体而言，教师教育模式大致可以分为两类，即师范院校教师教育模式和综合性大学教师教育模式。

一、师范院校的教师教育模式

(一)师范院校教师教育模式的构成

1.中等师范教师教育模式

中等师范教师教育模式是一种主要对幼儿教师和小学教师进行培养的教师教育模式,因而也可以称为幼儿教师和小学教师培养模式。在当前,随着我国经济体制的改革以及人力资源需求方式的变化,中等师范教师教育模式很可能在不久的将来退出历史舞台。但是,中等师范教师教育模式在多年的发展过程中,既为我国师范院校教师教育的发展积累了许多优质的资源,也为进一步的教师教育资源整合奠定了深厚的基础。因此,在谈及师范院校教师教育模式的构成时,不能忽视中等师范教师教育模式。

(1)中等师范教师教育模式的宗旨

中等师范教师教育模式的宗旨,是由以下几方面的内容构成的。

第一,培养学生具有良好的思想品德修养,能够热爱教育事业,甘愿为教育事业奉献一生。

第二,培养学生具备较高的文化素质。

第三,培养学生在幼儿园和小学任教的基本职业技能和从教能力。

(2)中等师范教师教育模式的课程设置

中等师范教师教育模式在课程设置方面,有以下几个鲜明的特点。

第一,中等师范教师教育模式的课程,主要是加强文化基础知识和基本技能的教学,加强教育学、心理学、小学教材教法等课程的教学和教学基本技能的训练。

第二,中等师范教师教育模式的课程,是由必修课、选修课、活动课和教育实践课共同组成的。其中,必修课是主体,包括政治、语文及小学语文教材教法、数学及小学数学教材教法、物理、化学、生物、小学自然常识教材教法、外语、地理、历史、心理学、教育学、体育、音乐、美术等课程。选修课是必修课的补充和延伸,在形式上有必选、限选和任选之分,并且十分重视课程的综合性、实用性和时代性,以期能够拓宽学生的知识面、发展学生的兴趣、提高学生从事幼儿园和小学教育教学的能力。活动课重在培养学生的动手能力和创造能力,社团、社会调查、讲座等都是常见的活动课形式。教育实践课实际上就是让幼儿教师和小学教师参与教师职前教育,包括参观小学、教育调查、教育见习和教育实习等。

第三,中等师范教师教育模式的课程科目众多、不分专业、不求学科精深,侧重于培养学生的综合素质。由于不分专业,导致课程的学科专业性不强,学生的学科知识储备和教育科研能力也比较弱,严重制约了学生的进一步发展。

第四,中等师范教师教育模式的课程设置合理有效,既强化了教育理论与实践课程,也加强了文理渗透及艺术修养教育,能够帮助学生形成较为扎实的教学基本功。

(3)中等师范教师教育模式的完善

随着时代的发展和教育改革的不断深入,中等师范教师教育模式也在不断进行完善,具体的措施有以下几个。

第一,积极整合原有的中等师范学校资源,并重视完善教师配备,丰富基础设施建设等,以确保中等师范教育能够更好地开展教育教学活动。

第二,积极将边远地区的中等师范教育纳入义务教育经费保障之列,确保边远地区的中等师范教育也能顺利开展。

第三,积极构建高学历标准的中等师范教师教育模式,如以大学本科为主的小学教师教育模式。

2.师范学院教师教育模式

师范学院是在对原有的师范专科学校资源进行整合的基础

上建立起来的。师范学院教师教育模式的形成，主要是为了培养合格的初级中学教师。因此，师范学院教师教育模式也可以称为初级中学教师教育模式。此外，师范学院在探索有效且适合我国国情的教师教育模式时，进行了以下几方面的努力。

（1）重视构建与本地实际相符合的教师教育模式

师范学院在探索教师教育模式时，特别重视构建与本地实际相符合的教师教育模式。为此，师范学院必须做好以下两方面的工作。

第一，师范学院的管理者必须更新办学理念，充分认识到发展符合当地实际的教师教育的重要性，并积极构建适应社会发展需求和地方发展的教师教育模式。

第二，师范学院要在增加投入的同时，深入挖掘办学潜力，构建能够充分发挥自身优势的新教师教育模式。

（2）积极构建新的教师教育课程体系

由于课程在教师教育模式中占有十分重要的地位，因此师范学院在构建教师教育模式时，重视在对教师教育资源进行整合的基础上形成新的教师教育课程体系，具体内容如下。

第一，在总课程中，适当提高教育类课程的比例，扩展教育课程的门类。这能够帮助学生更好地认识和理解教育。

第二，加大对学生教育实践能力等专业技能进行系统训练的教育技能课程。这能够帮助学生更好地将所学知识与实践结合起来，从而在走上教师岗位后能够顺利、有效地开展教育教学工作。

第三，必须将教师实习作为一项重要的课程门类，即要在每一学期加入执教学科教育实习课程。这既能够帮助学生提高自己的职业意识，也能够帮助学生有效提高自己的教学能力。

（3）积极探索有效的教师教育培养模式

师范学院在发展的过程中，逐渐形成了一些有效的教师教育培养模式。比如，"3＋1"培养模式，即前5个学期不分师范生和非师范生，前3年里在各自的专业学院学习学科知识课程，第5

学期末根据志愿进行分流,有志于当教师的学生进入师范学院或师范部,学习相应的教育类课程,进行教育学科实习和教学实践。

3.高等师范院校教师教育模式

高等师范院校教师教育模式的形成,主要是为了培养合格的高级中学教师。因此,高等师范院校教师教育模式也可以称为高级中学教师教育模式。

(1)高等师范院校在教师教育方面的优势

高等师范院校在培养高级中学教师方面有着很多的优势,具体表现在以下几个方面。

第一,教师教育不仅是一种培养师资的有效方式,更是一种文化传承,而高等师范院校具有深厚的师范教育文化积淀,能够在潜移默化中使学生形成明确的教师职业意识和坚定的教师信念。

第二,高校师范院校具有广泛的教师教育研究传统,积累了丰硕的科研成果,形成了宝贵的教师教育思想。这能够为日后教师教育的进一步发展与变革奠定重要的理论基础。

第三,高等师范院校有着经验丰富的师资团队和一定数量的优秀教师,这是教师教育质量能够得到保证的最基本原因。

(2)高等师范院校教师教育模式的转型

自21世纪以来,知识经济迅速发展,高等师范院校要想在教师教育的市场上占据优势,就必须以自身的优势为基础,从目标、课程、品质、特色等方面进行改革与完善。也就是说,高等师范院校必须要在原有的教师教育模式的基础上积极探索一条适合自身生存和发展的道路,具体可采取以下几个有效的措施。

第一,高等师范院校要积极整合已有的资源,以有效提高自身的竞争力。

第二,高等师范院校要以教师专业化要求为依据,对教师教育的课程体系进行调整与完善。高等师范院校要想提高教师教育的质量,必须重视课程体系的调整与完善,如拓宽专业口径,压缩陈旧重复的课程，开设跨系、跨专业的公选课来提高学生综合化的专业素养；合理安排教师专业型的课程体系，提高学生的教师职业能力；规范教育教学实践课程，建立教育实习基地，切实保证教育实习保质保量地进行等。

第三，高等师范院校要积极探索适合自身以及我国国情的教师教育培养模式。就当前来说，分段式教师教育培养模式和模块式教师教育培养模式是比较适合高等师范院校的教师教育培养模式。其中，分段式教师教育培养模式能够使学生获得系统的专业知识，形成扎实的专业基础，从而为学生日后从事教师职业奠定良好的专业基础；模块式教师教育培养模式能够使原有的教师教育资源得到充分利用，但很容易导致原有的师范性和专业性之间的矛盾加剧。因此，在今后还需要进一步对模块式教师教育培养模式进行调整，以培养出更多优秀的教师。

（二）师范院校教师教育模式的完善

通过上面的论述可以知道，师范院校教师教育模式既有优势又有不足。要想师范院校教师教育模式发挥出最大的作用，必须积极探索，推动师范院校构建起更加科学有效的教师教育模式。在这一过程中，师范院校必须处理好以下几方面的问题。

1. 要处理好学术性和师范性的关系

"师范性"与"学术性"的矛盾，在师范院校教师教育模式的构建中始终存在。事实上，教学本身是一个创造的过程，因而教学本身就具有学术性。此外，师范性包含了对教育科学本身的学术性要求，只有二者高度统一，相互促进，才能在所教学科上有较高的学术水平，成为某一学科专业的学者，同时是教育科学领域的学者，从而保证教师教育的不可替代性。因此，师范院校在面对"师范性"与"学术性"的矛盾时，必须形成以下两方面的正确认识。

第一，必须充分认识到"师范性"与"学术性"不存在孰高孰低的问题,而且非此即彼的选择完全是错误的。只有将二者有机结合,融为一体,贯穿于整个教师教育之中,师范院校教师教育模式才有可能得到进一步的完善。

第二,必须充分认识到"师范性"与"学术性"虽然不存在对立的问题,但需要明确如何在有限的职前教师教育时间单元内对两者进行有机融合。只有这样,才能真正提高师范院校教师教育的质量。

2.要处理好综合化与专业化的关系

在当前,培养具有专业化水平的教师已成为我国教师教育改革的目标和教师职业发展的重要趋势。不过,我国的师范院校为了提高自己综合的办学实力,以求可持续发展,日益注重通过非师范专业的设置来扩展领地,从而逐渐从只有单一的师范专业到拥有高等教育学科专业体系中的多种专业、大部分专业,甚至是全部专业。如此一来,便产生了师范院校综合化与教师教育专业化的冲突。毋庸置疑,师范院校的综合化趋势必然会使师范院校原有的教师教育模式发生质的变化,并对教师教育活动产生影响。因此,对于师范院校来说,处理好综合化与专业化的关系是十分重要的,具体可从以下两个方面着手。

第一,必须要将教师教育在师范院校的综合性学科专业体系中作为一个专业建设起来,对原有的教师教育资源重新整合与调整,以专门的机构在师范院校中开展教师教育专业学术与人才培养活动。

第二,必须打破传统的知识体系,积极进行课程改革,构建起合理的教师教育课程体系。在这一过程中,必须适当增加教育类课程的比重,注重师范类课程与非师范类课程的贯通,注重课程的职业性等,以切实提高教师教育的质量。

3.要处理好公益性与市场性的关系

教师教育的一个重要特征便是公益性与市场性并存,这就使得具有公益性质的教师教育的变革与市场紧紧地联系在一起。教师教育的市场性要求建立开放型教师教育体制，这有利于基础教育师资来源的多渠道化，也有利于提高师范院校的整体水平和教师教育的质量。但是，这样很容易导致教师教育的费用增加，动摇学生从事收益偏低的教师职业的信念，限制教师教育的发展等。因此，师范院校必须要探寻如何在市场经济条件下体现教师教育的公益性。

二、综合性大学的教师教育模式

综合性大学是相对于理工、师范、农林、艺术等专业性院校来说的，指开设了大多数的学科门类且各学科门类发展相对较为均衡的大学。伴随着教育改革的不断深入，综合性大学开始参与到教师教育之中，并逐渐形成适合自己的教师教育模式。

（一）综合性大学开展教师教育的原因

综合性大学参与教师教育是多方面原因共同作用的结果，其中较为重要的原因有以下几个。

1. 教师专业化发展的趋势要求综合性大学参与教师教育

自 20 世纪 60 年代以来，教师专业化逐渐成为一种强劲的思想潮流，并深刻影响了许多国家的教师教育。只有不断地提升教师的专业水平，才能为教育提供合格的人力资源。而优质师资的供给需要大量高水平的教师教育机构的参与，可目前我国以师范院校为主的教师教育体系是无法满足此要求的，迫切需要其他的教育机构的参与。因此，让综合性大学参与教师教育能够在很大程度上解决高素质教师资源供给不足的问题。

2. 教师职业吸引力的增强要求综合性大学参与教师教育

就当前而言，教师职业的吸引力大大增加，具体原因有以下几个。

第一，随着经济社会的发展以及教师社会地位的提升，教师的工资待遇也有了稳步提升。在未来，教师的工资待遇还会得到持续的改善。教师工资待遇的提高，使得越来越多的学生渴望进入教师职业。

第二，教师职业与其他职业相比，具有较强的稳定性，失业的风险较低，受整个经济发展状况和经济结构变化影响较小。这也使得越来越多的学生渴望进入教师职业。

第三，教师的工作环境比较优越，每年还有两至三个月的带薪假期，这也对很多学生构成了吸引力。

既然教师已经成为当代很多大学生就业的优先选择，那么从教育供给者来说，就应该满足学生的就业需求，综合性大学承担教师教育也就成为必然。

3. 教师供需矛盾要求综合性大学参与教师教育

随着我国教育发展水平的提高，对教师的学历和素质的要求也有了很大提高。也就是说，未来教师需求将集中在高学历和高素质毕业生上，而这仅仅依靠现在的师范院校是不能满足的。因此，必须要制定有效的措施，使综合性大学也参与到教师教育之中。

（二）综合性大学教师教育模式的发展现状

1. 综合性大学教师教育模式呈现出多样化的特点

综合性大学在参与教师教育的过程中，依据自身的实际和教师发展的要求，形成多种不同的模式。这为日后综合性大学教师教育的进一步发展奠定了重要基础。

2. 综合性大学教师教育模式尚不成熟

综合性大学虽然具备从事教师教育的基础，但其参与教师教育的程度还是比较低的。同时,对于绝大多数综合性大学来说,教师教育处于尝试阶段,无论是相关的组织机构、规则制度还是培养方案等都须进一步完善。所有的这些,都导致综合性大学教师教育模式尚不成熟。

3.综合性大学教师教育模式面临一系列未解决的问题

在当前,综合性大学教师教育模式还面临一系列未解决的问题,从而严重制约了教师教育模式的发展与完善。这里所说的问题,主要包括目标定位问题、"学术性"和"师范性"的关系问题以及教师教育组织管理的有效性问题等。要想促使综合性大学教师教育的优势得到充分发挥,就必须解决好综合性大学教师教育模式正面临的各种问题。

(三)综合性大学教师教育模式的科学构建

对于综合性大学来说,要科学构建其教师教育模式,必须做好以下几方面的工作。

1.要切实明确综合性大学教师教育模式的功能

综合性大学在构建教师教育模式时,必须要明确综合性大学教师教育模式所应具备的功能。具体来说,综合性大学教师教育模式需要具备以下几个功能。

第一,综合性大学教师教育模式应能够使教师教育过程更加系统化。

第二,综合性大学教师教育模式应能够有效促进教师的专业发展。

第三,综合性大学教师教育模式应能够为教师教育提供更多的通识教育课。

第四,综合性大学教师教育模式应能够帮助教师形成良好的知识基础,以便教师在开展教育教学活动时具有良好的知识支撑。

第五,综合性大学教师教育模式应能够为教师个体的发展提供更好的环境。

2.要做好综合性大学教师教育组织模式的设计

综合性大学的教师教育组织模式涉及教师教育组织机构设置、相互之间的隶属关系以及职权划分。就当前我国的发展现实以及综合性大学的发展现状而言,以下两种模式是比较合适的综合性大学教师教育组织模式。

(1)教育学院模式

这种综合性大学教师教育组织模式,就是在综合性大学内设置教育学院作为教师教育的机构,由教育学院和其他专业学院共同完成教师教育培养计划。

(2)综合性大学与外部机构合作模式

这种综合性大学教师教育组织模式,就是综合性大学与外部机构合作来共同培养教师。

需要特别指出的一点是,当前我国综合性大学教师教育还处于起步阶段,教师教育的组织模式还不完善,在今后还必须进一步探索更加适合的教师教育组织模式。

3.要做好综合性大学教师教育课程模式的设计

就当前来说,要设计出一种普适性的综合性大学教师教育课程模式是不现实的。各个综合性大学都必须依据自身的实际情况,探索适合自己的教师教育课程模式。比如,"3+1"模式、"4+2"模式、"2+2"模式等。

第三节　教师教育模式的变革

纵观世界教师教育的发展历程,可以发现教师教育模式大致经历了从经验模仿型到一元封闭型再到多元开放型的演进过程,每一种模式的变更无不与一定社会的生产力发展水平、政治经济制度、文化历史传统、人口环境等因素密切相关。因此,随着这些因素的变迁,教师教育模式也需要进行相应的变革。在本节中,将对当前我国教师教育模式变革的相关内容进行详细论述。

一、教师教育模式变革的背景

就我国当前而言,教师教育模式变革受到了越来越多人的重视。具体而言,我国当前的教师教育模式变革是在以下几个背景下展开的。

(一)经济社会体制转型要求教师教育模式进行变革

教育事业的改革与发展深受经济社会体制的影响。随着经济社会体制的转型,教师教育模式也必然需要进行一定的变革。在当前,我国正在积极探索更加适合自己的经济社会体制,因而教师教育模式变革也势在必行。

(二)社会对教师需求的变化要求教师教育模式进行变革

随着教育改革的不断深入,社会对教师的需求发生了根本性变化,如越来越注重教师的综合素质、要求教师提升自己的学历、注重教师总体供求关系从数量满足向结构调整转变等。社会对教师需求的变化,直接对教师教育模式提出了要求。面对这一现实,教师教育模式必须进行适当的变革,以更好地满足社会对教师的需求。

(三)教师专业化发展要求教师教育模式进行变革

我国的教师教育是专业型教师教育,教师教育的根本目的也是促进教师的专业化发展。因此,随着教师专业化发展的不断深入,教师教育模式也需要进行相应的变革,以更好地推动教师专业化发展。

(四)教师教育改革要求教师教育模式进行变革

在当前,随着教师教育改革的不断深入,对教师的要求也不断提高。这就要求教师教育模式进行一定的变革,以培养出更加符合教育发展要求的合格教师。为此,在进行教师教育模式变革时,必须强调对学生进行完整的专业教育,包括专业技能、专业道德、专业发展、专业自主权的训练与培养;重新规划与调整教师教育政策和内容,包括课程体系及结构,建立评价标准体系,建立适合教师发展的进修与继续教育制度,把教师的校本发展与院校发展有机结合起来等;强调对学生教育实践能力和教学问题分析处理能力的培养。

(五)课程改革要求教师教育模式进行变革

课程改革特别是基础教育课程改革,既是我国教师教育质量提高的关键,也是推动我国教师教育模式变革的动力之一。

随着素质教育的实施,我国新一轮基础教育课程改革正在全面、深入地推行,这对基础教育工作"母机"的教师教育带来了机遇和挑战。具体来看,新的基础教育课程改革能否达到预期目标,关键在于课程的实施,而课程实施能否取得实效,关键在于教师。没有教师对新课程改革全面正确理解与认真实施,就会影响改革的顺利进行,这也是对习惯了旧课程的教师的一种挑战。按照素质教育的要求,根据教师专业化过程来构建教师教育的新模式,则能够在很大程度上促进基础教育课程改革的顺利进行。需要注意的是,这种新模式应按照新课程要求,确立教师教育的知识、能力和素质结构,以及为实现这一新结构的方式和途径。

(六)教师培养模式的转型要求教师教育模式进行变革

教师培养模式的转型也是引发教师教育模式变革的一个重要原因。教师培养模式转型的核心是要从知识型、知识传递型转变为全能型、自主发展型,这就要求教师教育体系和教师教育模式不断创新,以满足培养新型教师的需要。

二、教师教育模式变革的理念

教师教育模式变革要想顺利进行并取得良好的成效,必须以科学的理念为指导。就当前来说,指导教师教育模式变革的基本理念有以下几个。

(一)积极构建开放性的教师教育模式

积极构建开放性的教师教育模式,主要是针对教育教育的实施主体而言的。具体来说,在构建教师教育模式时,要积极鼓励综合性大学和非师范类高校举办教育学院,推动综合性大学创办以教师培养,特别是以培训为特色的教育学院,鼓励师范院校与其他院校合并,或以师范院校为基础发展成综合性大学。

(二)积极构建综合性的教师教育模式

积极构建综合性的教师教育模式,主要是针对教师教育的专业层面而言的。具体来说,在构建教师教育模式时,要在现代科技发展的条件下,顺应教师教育发展规律,提高教师专业化程度,在坚持办好师范专业的基础上,增设非师范专业,加强非师范专业课程,加强学科建设和科学研究,把师范性与学术性有机整合起来。

(三)积极构建一体化的教师教育模式

1. 教师教育一体化的内涵

第一,教师教育在横向上要充分利用各种教育资源,建立学历教育与非学历教育、正规学校教育与教师指导性学习、互助性学习等非正规教育相结合的教师教育模式。也就是说,要尽可能由师范大学、综合性大学、各种教师培训机构共同承担教师教育任务。

第二,教师教育在纵向上要打破教师教育职前培养、入职辅导、职后教育的分割局面,建立一个内部各阶段相互衔接、相互补充的教师教育模式。

第三,教师教育在发展上要尽可能构建将教师的知识、技术、能力等智力因素发展与态度、情感、意志等非智力因素发展有机结合的模式。

第四,教师教育在研究上要实现教育的理论研究与实践研究的一体化。

第五,教师教育在整体上要实现教师教育与学校发展的一体化。

2.一体化教师教育模式的构建

在构建一体化教师教育模式时,需要遵循以下几个思路。

第一,注意选择性,加强通识课程、综合课程、教育专业课程的建设。

第二,重视研究性,使教师教育从灌输型向研究型、从经验型向专家型转变。

第三,强调实践性,改革现有教育专业课程,加强实证性案例教学,使学生学的理论更好地指导实践。

第四,提倡创新性,积极探索、研究,提出有前瞻性、创见性的教师教育模式。

第五,进一步完善教师教育法规建设,包括教师资格认定制度等。

三、教师教育模式变革的原则

在进行教师教育模式变革时,需要遵循以下几个原则。

（一）客观性原则

在进行教师教育模式变革时，必须立足地区以及学校的实际，因地制宜地构建适合的教师教育模式。遵循这一原则变革教师教育模式，可以使我国的教师教育模式呈现多样化的特点。

（二）社会需求与个人需求相统一原则

在进行教师教育模式变革时，要尽可能实现社会需求与个人需求的统一。具体来说，就是在变革教师教育模式时，要从社会以及个人对教师在数量和质量上的要求出发，结合教师现状及发展的潜力和可能，坚持为教师队伍整体素质服务，为发展中国特色社会主义教育事业服务。

（三）主体性原则

教师教育模式变革的主体性原则，就是在变革教师教育模式时，必须把教师作为模式的主体，注意发挥教师的主体作用。只有遵循这一原则，才能吸引教师积极参与到教师教育模式变革之中，从而在创新教师教育模式的同时，实现教师的可持续发展。

（四）效益性原则

教师教育模式变革的效益性原则，指的是变革后的教师教育模式在实施过程中要能够带来良好的效益，包括社会效益、经济效益、人才效益、科技效益等。

第九章　反馈与完善：教师教育评价探究

　　教育评价是对教育活动提供评价信息并进行价值判断的过程。教师教育评价是在对教师教育进行事实判断的基础上进行的价值判断活动，是通过教师教育属性的外显对教师教育活动进行价值判断。长期以来，教师教育评价往往忽视了教师教育本身的特殊性，导致教师教育难以培养真正适合基础教育需要的优秀教师。因此，应该要建立起能够培养优秀教师的职前教师教育评价体系，以推动我国教师教育的健康发展，建立起真正适合基础教育发展的教师教育体系。

第一节　教师教育评价的特征与内容体系构建

一、教师教育评价的特征

　　我国的教育评价是在引进国外教育评价理论的基础上逐步发展起来的，如今已经初步构建起了具有中国特色的教育评价知识体系，基本确立了以评价促发展的当代教育评价观。在这样一个大的历史背景下，发展性理念必然成为教师教育评价的首要理论选择。所谓发展性评价，是基于发展者自身现实状态与过去情况进行比较，从而对发展者的发展水平、发展潜力做出综合判断的一种质的评价方式。发展性评价的最终目的是促使人的发展和全面提高，基于此，教师教育评价必然具有以下基本特征。

　　第一，以教师素质的全面发展为目标。实施素质教育，促进学生整体素质的全面发展,是当前学校教育的出发点和目标,而素质教育的实施、教育目标的实现关键在于高素质的教师。教师素质是教师进行教书育人的前提和基础,也是教师自身成长的前提条件和基础,因此教师素质也应该要得到全面发展。教师教育评价必然基于理想教师的培养目标(即教师素质的全面发展),这些目标显示了未来教师的发展方向,也构成了教师教育评价的依据。教师教育发展性评价的着眼点既在被评价者的当前学业发展水平,又在其未来职业能力发展倾向等方面。因此,教师教育评价应当树立职前教育和职后教育融通,重视自我反思教育,维护公众知识分子教育影响力,强调终生学习等理念。

第二,教师教育评价注重过程性评价。过程性评价是一种在课程实施的过程中,对师范生的学习进行评价的方式。过程评价反思了那种将既定目标和教育效果进行比照的机械性的检测方法,提出了在过程中进行调整的一种价值判断系统。在发展性评价理念的指导下,教师教育评价应当强调收集并保存师范生学业水平发展状况的关键资料(学习成果),并通过对这些资料(学习成果)的呈现和分析,能够形成对被评价者发展变化的认识,并在此基础上针对被评价者的优势和不足给予被评价者激励或具体的有针对性的改进建议。

第三,教师教育评价更加关注个体差异。世界上没有两片完全相同的树叶,同理,每个人都有区别于其他人的特质,这就使整个人类社会充满了差异性与多样性。而作为教学对象的师范生,由于先天的素质和后天所处的文化环境、家庭背景等的不同,也存在着差异性和丰富性,如智力类型差异、认知方式差异和个性特征差异。只有根据师范生心理发展水平、个体特点,采取与之相应的教育措施,才能取得良好的教育效果。因此,教师教育评价不仅要关注师范生学习成绩的差异,还要关注每一个师范生生理和心理特点、兴趣爱好等各个方面不同特点,正确地判断每个被评价者的不同特点及其发展潜力,为每一个学生制定符合其个性发展的教师职业发展规划,并提出适合其个性发展的具体的有针对性的建议。

第四，教师教育评价主体多元化。评价主体多元化是指评价者应该是参与活动的全体对象的代表，强调被评者的主体作用。评价主体多元化是当前国际教育评价发展的潮流，各发达国家教师教育评价无论是评价内容、评价方法还是评价主体，都呈现出多元化发展的趋势。"在美国，教师教育机构不但要进行机构内部的自我评价，还要接受外部机构的认证。如全美教师教育认证委员会（NCATE）对教师教育机构办学水平的认可主要包括：其一，对教师教育机构实施基础培养计划和高级培养计划的质量认可，包括各种单项培养计划的质量；其二，对教师教育机构实施这两类教师培养计划的办学能力进行的综合认可。"①教师教育评价主体多元化使得教师教育评价方法也更加多元和有效。

第五，教师教育评价有一定的选拔性。发展性评价虽然淡化竞争观念，但不是彻底放弃竞争和选拔，否则，教师教育的专业性也很难得到巩固和提高。可以预见的是，未来的教师专业化水平将越来越高，教师教育评价应当特别强调在入学前进行必要的选拔考试，而入学后，教师教育评价也必须通过课程教育，区分学生能力。但是终究的目的都是为了更有利于被评价者的后继发展。发展性评价理念虽然主张评价尽可能地"去利害性"，但并不是完全排斥选拔和竞争，相反，倒是要在公平公正的基础上，建立良性的竞争机制，鼓励优秀，选拔优异，淘汰落后者，适度的竞争也是促使人才成长的助推器。

二、教师教育评价内容体系的构建

教师教育评价的内容十分丰富。从评价对象区分，可以分为教师教育课程评价、师范生学业评价、教师教育的教学效果评价等；从评价主体角度区分，教师教育评价又可分为学科教学水平

① 周晓燕，聂丽霞.国际教师教育评价经验及其对我国的启示[J].教育理论与实践,2012(8):41.

评价和学科知识能力评价及自我反思评价等；从评价的内容来区分，则可以分为教师专业知识与技能评价和教师师德素养评价等。

当前我国教师教育评价还主要侧重于对学生知识技能方面的评价，对师范生的交往能力、心理健康方面的教育和考核还没有加以重视。我国的教师教育评价体系要充分发挥评价的导向作用，就要切实加强对师范生交往能力、心理健康等方面的评价引导，更要注重对教师师德素养的评价，进而构建起全面而平衡的教师教育评价体系。以下我们从两个方面简要阐述教师教育评价体系的内容构成。

第一，教师教育专业知识与实践技能评价体系。"教育专业知识"是教师在教师教育和教育实践中获得的、直接作用于教育过程的实用性知识，包括学科专业知识和学科教学知识以及教育学、心理学、班主任工作等教师教育理论知识。教师的专业知识是由教师阐释出来的，直接体现在教育过程中，具体分为"教什么的知识"和"如何教的知识"。在教师教育知识版图中，知识往往是交叉互融、相互印证的，有时很难将它们截然分开，因此理想的教师教育专业知识评价体系的构建，应当以学科教学知识为抓手，纵深考查和测量师范生学科专业知识结构和框架的完整性和应用水平。教师教育理论知识的评价还应同时进行论文评价和实践评价，既强调理论学习，又重视教育实践案例的分析研究，注意使用以能力为导向的教师教育学科专业知识评价方法。

实现上述理想评价方案的具体措施有很多，但总体来看，应该要重视通过评价提升师范生的整体教学素养，重视通过案例教学培养师范生分析问题和解决问题的能力，重视在教师教育课程教学中培养师范生的教育机智和教育智慧。在评价的组织方式上，则可灵活采用个人面试、小组讨论等方法，或者建立"教师成长记录袋"，通过不断的记录、反馈等，为教师专业发展提供激励和保障，并能对师范生的教育教学综合素质进行全面的考核和科学的测量。

师范生教学技能的学习重在实践,训练是提高师范生教学技能的基本途径。由于师范生应具备的教学技能基本都是操作性强且又有一定趣味性的基本能力,因此要提高师范生的职业素质,必须加强训练,如语言、书写、行为举止等教学基本功大多要靠平时的不断演练和自身体验来取得进步。对此,我们尤其要重视教师教育实践技能的评价引导。虽然近年来我国高等师范院校越来越重视对师范生实践技能的培养,很多学校开始延长教育实习时间、加强指导教师与学生之间的交流等,但是对教育实习的评价仍然比较随意,缺乏科学性和规范性。因而,应该要制定可操作的教育实习标准,发挥评价的管理和引导作用。

另外,师范生需要自我反思。例如,导师要求实习小组录下学生自己的上课视频,目的就是让学生能够及时观看自己教学录像,让学生看到自己的优缺点,从而反思如何扬长避短,调整自己的教学策略。书写教学日志也是师范生进行自我反思的重要举措。近年来,培养反思型教师成了国内外教师教育的共识。美国学者波斯纳提出了一个教师成长公式:经验+反思=成长。使新手教师成为优秀教师的重要因素,不是他们的知识和方法,而是教师对学生,对自己的目的、意图和教学任务所持有的信念,是教师在教育实践中所表现出来的教育机智和批判反思能力。因此,如何加强对师范生自我反思意识的培养,如何强化教学实践反思评价等环节,也都是教师教育实践技能评价研究的重要内容。

第二,教师师德素养评价体系。不同时代有不同的道德观,不同职业有不同的道德内涵。教师作为社会的一分子,其师德内涵必然融汇于整个社会公德之中;而教师的特殊职业与地位,决定着师德必然对整个社会公德产生极大影响。教师的师德决定了教师的素质,教师的素质又决定了教育的质量。师范生只有不断地提升自身的师德修养,才能做到与时俱进,适应新时期发展的需要,完成教书育人的学习重任。与之相适应,教师教育评价不能只关注技能和方法,还要关注人的情感、态度、价值观,因为教师教育的目的不仅仅是强化教师专业知识和专业技能,更是不断提升教师伦理道德水平、强化师德信念的活动。总之，要建立全面而平衡的教师教育评价体系，就必须关注教师伦理与道德教育等问题，关注师德素养评价。而教师师德素养评价体系包括对"教师道德教育目标的评价、道德教育课程落实度与创新性的评价、教育过程德育因素的评价以及教师道德教育效果的评价等方面"①。

目前我国教师道德素养教育的评价目标包含以下方面：以生为本，为国育才；关爱学生、爱岗敬业；有教无类，平等待人；诚实正直，客观公正；诲人不倦，学而不厌；因材施教，循循善诱；以身作则，言传身教；相互激励，教学相长；严谨治学，慎微而著；宽以待人，善于合作。

师德教育课程落实度评价也应从知识和情感两个维度展开，事实表明，教师职业道德素质的养成，离不开其道德认知的获取、道德情感的体验、道德意志的养成以及道德行为的外显等几个方面。也就是说，在道德教育的课程落实中，仅仅传输道德知识是不能完成师德教育的目标的，必须通过相应的道德认知活动，引起并影响师范生的道德情感活动，这样才能真正实现教师道德教育课程的目标。教师道德教育课程的创新性评价旨在通过评价手段引导师范院校为提高学生师德素养，创新德育类课程的教学方式，各类课程应不拘一格，开展教育教学活动。

在课堂教学中，师范生在求知活动中显示出来的人格、毅力、态度、责任感、协作精神，本身就是德育因素，这些因素也是评价的重要内容。评价是一种肯定、一种激励、一种引导、一种德育。师范生在评价中认识自我，肯定自我，完善自我。在操作中，对于个性心理素质不健全需要倍加关爱的师范生——或意志薄弱者，或合作精神欠佳者，或敢说敢为精神不足者，或不善肯定自我者——教师要给予更多的关爱，评价具有造就良好品性的作用。

教师道德教育效果的评价，有利于促进教师提高自身修养。

---

① 田爱丽.论教师道德教育的评价[J].华东师范大学学报(教育科学版),2008 (4):31-40.

师德考核要充分尊重师范生主体地位，坚持客观公正、公平公开原则。考核结果应通知师范生本人，存入教师档案。考核优秀的应当予以公示表彰，确定考核不合格者应当向教师说明理由，听取教师本人的意见。

此外，教师教育评价体系的构建，还包括建立教师教育评价能力培养模式，通过培养模式反复训练，以不断提高师范生自身的教育教学评价能力。

总之，具备教师教育评价的系统知识，树立正确的教师教育评价价值观，初步拥有在具体情境下的教师教育评价技能，是教师教育评价的基本目标。

第二节　教师教育实践性的评价与质量监控

一、教师教育实践性评价

(一)我国教师教育评价的问题与不足

1.实施教师教育评价的政府机构权力过大

由于历史和政治体制的原因，我国教师教育评价制度具有明显的中央集权制的特点，政府组织的机构在制度实施中占有绝对的权威性，非政府组织在制度中基本得不到认可。

2.教师教育的评价体系缺乏弹性

当前，我国的教师教育评价由教育行政部门颁布和推行各类评价指标体系，多以统一的指标标准应用于不同的学校和不同的学科，过于强调"标准"而淡化"特色"，缺乏弹性、灵活性，不利于学校特色的区分和建设。

3.没有一套全面的教师发展水平评价制度

教师教育属于高等教育范畴,但又有其特殊性。目前我国教师教育评价还是高等教育评价的一个组成部分,评价标准和指标体系与普通高校相同,而普通高校的评价标准更多考虑了其他类型专业院校的特性,而甚少顾及或体现教师教育的特殊性,这样显然难以有效地促进教师教育的专业化程度的提高。随着教师教育开放化进程的加快,非师范院校也以各种形式积极参与教师培养和培训,教师教育机构的多元化也加大了教师教育评价的复杂度。这就要求有与之相配套的评价制度和教师教育机构资质认证标准来对其进行规范。

4.实践性教师教育评价弱化

教育评价具有导向、诊断、改进的功能,在一定程度上制约着学校教育教学活动的运行。我国当前教师教育评价体系并不十分完善,还存在一些问题,如评价内容以理论知识为主,轻视学生教育实践能力的考察;评价形式单一,比较随意、缺乏科学性和规范性等,这对职前教师教育教学活动产生了消极影响,难以实现教育评价的功能。

(二)教师教育实践性评价的完善

从某种程度上来讲,正是教师教育评价体系中的缺漏和偏差,将教师教育工作者引导到了错误的教育教学方向上。所以,要改进和完善教师教育评价体系,这可从以下几点入手。

1.更新评价理念

教师教育实践性评价的意旨在于引导师范生积极参加教育教学实践锻炼,并在参与的过程中获得教育实践能力提升。现代教育评价对教师教育评价提出了以人为本、注重发展和重视过程等理念。针对教师教育"师范性"的主要特征和意义,需要在指标体系中加强对师范内涵的考查。这可以通过对现有指标体系进行调整来实现,如通过提高"教师风范""思想道德""社会声誉"等理念在相应指标中的权重来实现,或者通过合理提升这些指标在指标体系中的级别来实现。

2.丰富评价内容

教师教育实践性评价内容是适应教育教学实践活动对教师专业素养的要求的。教师专业素养主要包括内在的教育理念、表现出来的行为以及充当理念与行为实现载体的语言文字表达能力。教师教育实践性评价的内容也应该围绕以上几个方面展开。师范院校和实践基地在进行教育实践课程评价时,应全面关注师范生在教育教学实践中在各个方面的表现,尽量做到细致入微。

3.拓展评价方式

教师教育实践性评价应该是他评与自评相结合,量化评价和质性评价相结合;教师实践性知识的建构性特点、教育实践课程的评价应采用过程性和总结性评价相结合、观察评价和档案评价相结合。教师教育实践性评价方式直接影响着师范生的学习积极性。因此,师范院校和实践基地应尽快确立多元化的价值取向,对师范生的教育实践能力水平做出整体性的评价。

4.实施以实战力为基准的课程考评范式

实战力考评维度主要是针对教师教育课程的实施,即广大学生或未来教师们能否自然、自觉和自主地回答以下相关问题:

(1)对于某门课程所关涉的理论的实践来源和应用价值是否了解。

(2)对于教师教育课程所追求的课程目标是否具有深刻的认识和把握。

(3)对于教师教育者在教育教学方式与方法的选择动因上是否有必要的思考和思索。

（4）对于课程实施中涉及的各种体验、探究、主张是否具有清晰的理智判断和反思能力。

5.通过评价调动指导教师的积极性

指导教师积极性不高是影响职前教师教育实践性实施的重要因素。无论师范院校指导教师还是中小学指导教师，指导师范生的前提是不会影响到自己的本职工作。对此，师范院校和教育实践基地应该尽快建立教育实践课程指导教师工作量认定和评价机制，让指导教师感受到学校对师范生指导工作的重视，也让他们的每一份劳动都能得到应有的报偿。

二、教师教育实践性的质量监控

从我国教师教育专业化水平上来看，教师教育由量的需求向质的需求的转变成为不可逆转的发展趋势。在这种趋势下，建立教师教育质量保证与监控体系已成为关键。如何完善人才培养质量监控体系、努力提高教师教育的质量和水平，是当前师范院校必须着力解决的重要问题。

（一）教师教育实践性教学质量监控体系的构成

教师教育实践性教学质量监控体系主要由目标体系、组织体系、方法体系、制度体系构成。

1.目标体系

要建构科学的教师教育实践性教学质量监控体系，就有必要分别就这些环节确立相应的目标，然后根据目标进行有效监控。目标体系包含模拟教学目标、教育调研目标、教师教育技能训练目标、教育见习目标。

2.组织体系

教师教育实践性教学质量的监控离不开实施、协调、配合各方机构的联动。根据教师培养机构尤其是高师院校的组织构架，可以设立学校、系（院）、室三级教师教育实践性监控组织，相应地就要设立学校教师教育质量监控中心、院（系）教师教育实践性质量监控办公室、教研室教师教育实践性质量监控小组。

3.方法体系

根据教师教育实践性教学的特点，要采用有效的方法对教师教育实践性教学质量进行监控。这些方法包括信息收集、督导检查、诊断评估、反馈整改。

4.制度体系

要建立健全教师教育实践性教学相关制度，确保加强教师教育实践性教学质量监控建设和有效实施。这些相关的制度包括教师教育人才培养方案、教师教育实践性课程制度、教师教育实践性管理制度、教师教育实践性基地建设制度。

（二）建构教师教育实践性质量监控体系的要求

经过实践探索和理性思考，我们认为，在建立教师教育实践性质量监控体系中，要特别注重以下几个问题。

第一，对教师教育实践性的重要性认识是前提。随着新一轮基础教育课程的改革，教师培养机构越来越认识到教师教育实践性的重要性，真正认识到教师教育实践性"可以强化专业意识，培养职业情感，树立职业信念；可以加深学生对专业理论知识的理解；可以提高学生的教育技能技巧，丰富师范生的实践知识和实践智慧；可以培养学生的创新能力和实践能力"[1]，最终确定实践取向的教师教育改革新理念。师范院校要从教师教育实践性课程设置、课程内容、课程实施、课程评价等方面进行一系列探索和改革。

---

① 刘艾清.职前教师教育实践能力有效考评缺失及改进策略[J].长江大学学报，2013(12):175-176.

第二，确立教师教育实践性质量评价标准是关键。教师教育实践性环节多，而且有些环节很难通过量化考核来评价。因此，建立教师教育实践性质量标准就成为建构教师教育实践性质量监控体系的重要甚至首要任务。

第三，确立科学合理的评价方式是保障。在教师教育实践性评价方式上，必须改变传统的以学分考评为主的单一、量化的考评方式，要采用硬性（主要是量化考核）与柔性（主要是成长记录）相结合的评价方式，以监控师范生教师教育实践性质量。

第四，处理好"建设"和"监控"的关系是基础。理想的方式是，在建设中有监控，在监控中促进建设，"建"与"控"相互促进、相得益彰。

长期以来，我国教师教育重理论轻实践问题突出，理论与实践割裂。以实践为取向，加强教师教育实践性，就是解决这一突出问题的主要途径。

第十章 转型发展：教师教育改革探究

教师教育作为教育事业的工作母机，事关教育改革与发展的全局。新时期，我国教师教育正面临着重大的历史转型，在终身学习和科学发展观理念的指导下，要把握机遇，优化资源，提高教师教育质量，培养综合素质高，应用能力强并富有创新精神的新型教师，这就要求对现行教师教育进行改革。本章就教师教育改革探究的相关问题进行论述。

第一节 教师教育改革的思路

21世纪是人才与教育竞争的世纪，当今世界正处在日趋激烈的国际竞争和新技术革命的时代，各国都把教育视为参与国际激烈竞争的一个重要战略措施。要实现中华民族伟大复兴这一历史性的目标，必然依赖于教师整体水平的不断提高。教师不仅是教育资源中的第一资源，也是提供优质教育资源的关键。当前的基础教育改革，对教师队伍的学历层次、文化素养和创新精神、实践能力等方面的要求不断提高，对教师教育机构培养、输送优质教师资源的要求也越来越迫切。为此，教师教育必须面向基础教育改革与发展的要求，进一步提升各级各类教师教育机构的办学质量，积极探索新的教师培养与培训模式，持续不断地为基础教育输送数量充足的优质的教师资源，实现从传统的师范教育向新型的教师教育转变。而优秀教师的涌现，最终依赖于教师教育的效能。我国目前教师教育存在的主要问题不容忽视，如我国教师队伍整体素质尚待提高，职前、职后教育相分离，教师待遇方面的问题在有些地方仍然存在，教师教育课程现状堪忧等。当前，我国教师教育改革可从以下几个方面入手。

一、坚持以人为本，建构教师教育新理念

"以人为本"即指确立教育主体特别是受教育者在教育中的中心地位，围绕受教育者的发展特别是主体性的发展而设计、开展全部的教育活动。以人为本是科学教育发展观的本质，是教育改革与发展的核心思想，也是教育工作的出发点和归宿。在教师教育里，坚持以人为本，第一，要注重教师素质的全面发展。教师教育应当时刻关注：社会到底需要什么样的教师，教师究竟需要依靠什么样的素质应对未来。第二，坚持以人为本，还应树立教师教育的目的是促进教师终生发展的理念。教师教育应当以教育为己任，为更多的教师成长提供基本的学习条件，优化学习的氛围与环境，提供系统完备的学习指导。第三，坚持以人为本，还应充分发挥人文关怀和道德情感在教师教育中的重要作用。

二、树立新的教师形象

教育是以人育人的事业，教师担负着培养学生健康成长的历史重任，因此师德比其他职业道德，有着更加强烈的典范性，高尚的职业道德和良好的教师形象是每位教师做好教育工作的先决条件。

（一）爱岗敬业是实现人生价值的途径

教师决不能把职业仅仅视为谋生的手段，而应该把它视为一项伟大的事业，并忠诚自己所从事的教育事业。只有具备了高度的责任感和强烈的事业心，才会在教育实践中，全身心投入，潜心钻研业务，不断改进教学方法。

（二）热爱学生是师德的核心

教师最崇高的爱是全心地去爱每一个学生。热爱学生是教师的天职，是教师职业道德的核心。教师只有内心充满对学生的爱和尊重，才会事事从学生的利益出发，处处为学生着想。同时，教师要严格要求学生，但不能伤害学生，要维护他们的自尊心，在他们需要帮助时伸出援助之手。

（三）锐意进取是师德的生命

教师应树立起终身学习的理念，在教育实践中潜心学习理论，运用理论，掌握现代科学知识，发扬探索和创新精神，使教育活动成为一种充满创造性的活动。

（四）为人师表是师德践行的方式

教育无小事，教师无小节。教师要严于律己，处处用道德规范约束自己，不能只靠"言教"，还要充分利用"身教"。只有言行一致，表里如一，才能逐渐树立教师的威信，成为学生尊重和学习的对象。为人师表不仅要体现在教师的思想和道德水平上，也要体现在教师的知识水平和教育教学能力方面。

三、坚持全面、协调、可持续发展，提高教师教育质量

教师教育的发展应该是一个全面的、协调的、可持续发展的过程。

（一）全面发展教师教育，朝开放化、专业化、一体化、现代化的方向发展

教师教育开放化就是要求教师教育由封闭型向开放型转变，是指除了原有的高师院校可以培养师资，其他综合性大学也可以参与教师教育，并且原有的高师院校自身也日益成为一个开放的

系统。

教师教育专业化，就是要求教师教育机构培养的教师应达到专业化的水平。

教师教育一体化，就是为了提高教师的素质和水平，将整个教师教育过程中过去相互隔离的职前培养、入职培训和职后继续教育视为教师终身教育体系中一个前后相互联系、彼此不可分割的完整过程。

教师教育现代化，就是要培养与现代化教育相适应的现代师资，其关键是教师教育学科建设现代化。

（二）协调发展教师教育，做到统筹兼顾，科学规划

随着教师教育结构的调整和改革的深化，各种矛盾相互交织，必须从教师教育发展全面出发，统筹发挥政府管理、社会广泛参与和市场适应调节，支持教师教育机构自主办学，探索建立新的教师教育运行机制。教师教育不能脱离社会文化，远离经济科技，要在融入和服务社会经济发展上有新突破。

（三）可持续发展教师教育，实现速度、结构、质量和效益统一

在当前，我们可以从教育质量、师资队伍、学校规模三方面努力实现教师教育的可持续发展。

第一，教育质量的可持续发展首先要求各类教师教育机构统一师资培养规格，要正确处理教师教育中学术性和师范性的关系，应正确面对并合理解决由于近年来高校扩招后带来的生源质量下降的问题。

第二，师资队伍的可持续发展还取决于原有师范院校教师队伍规格层次的提升。

第三，学校教师规模的可持续发展，关键是要放眼未来，合理规划，正确处理好过渡与发展的问题。

四、坚持以创新为主线,促进教师教育的改革与发展

教师教育创新的总体框架主要包括以下几个方面。

(一)教师教育制度的创新

教师教育的有关部门应尽早重新修订《教师法》,制定《教师教育条例》,建立并完善教师准入制度、教师资格考试制度和定期认定制度、教师教育机构资质认证制度等。其中,教师准入制度重要举措就是实施教师资格制度。我国教师资格制度的实施尚处在初级阶段,与先进国家相比,准入条件过低,程序相对简单,认证机构资质也不具有权威性。另外,师范院校的毕业生只要证件齐全,可以直接取得教师资格证书,缺乏对教师专业能力的考核和有力的监督和激励机制等。对此,应深入思考解决对策,规范教师入职资格,提高教师职业专业化水平。首先,严格掌握教师资格认定条件,即使是师范院校的毕业生,也要经过严格的审核。其次,打破教师资格证书终身制,推出教师资格再认证制度,保证教师在其从业生涯中不断更新观念,提高水平,确保教育质量。最后,建立相应组织机构,如教师专业委员会,加强教师专业团队对教师资格证书的内部监督,保证教师资格证书的专业化。

值得注意的是,还要特别加强教师培训市场的监管,教师培训工作必须理顺管理体制。为此,需要正确理顺不同系统部门之间、教育系统内部相关部门之间、教师教育和教师工作系统内部的关系。

(二)教师教育体系的创新

市场经济体制下教师教育体系应当是灵活、开放的。这样的教师教育体系在新时期一定阶段下应该是一个以高水平大学为先导,众多师范院校为主体,其他高校广泛参与,学历教育和非学历教育相互沟通、相互促进的教育新体系。而且新时期开放灵活

的教师教育体系的建构，应该是一个渐进的过程，必须采取分区规划、分类指导、分步实施的策略。

值得注意的是，教师教育体系创新，不仅仅是教师教育制度的结构设计——教师教育体系是以一定教师教育资源为基础的，而且包括对教师教育资源的重组与发展。教师教育资源不能凭空产生，必然要继承师范教育时期建设起来的资源，当然也需要进一步开拓。构建教师教育新体系，要对师范教育时期教师教育资源重组，因而必须正确把握师范教育时期教师教育资源状况。师资教育活动是由教师教育机构来进行的，因此教师教育机构就是教师教育资源的集中地。不同层次、不同类型、职前与职后相区分的教师教育机构，在长期的师资培养活动中积累和发展了各种教师教育资源。这些资源从教师素养发展要求看，就是两个主要方面：一方面是学习者文化与学科素养发展的资源，另一方面是针对不同类型教师职业特点、各具特色的学习者专业素养的发展资源。21世纪的教师需要更高水平的普通文化素养和学科素养，也需要更高水平的教师专业素养。把高水平的普通文化教育、学科教育与高水平的教师专业教育结合起来，是师范教育后教师教育资源重组和发展的重要方式。

（三）教师教育课程体系与教学内容的创新

要切实加强教师教育创新，培养高素质、创新型的师资，就必须创新现有的课程体系和教学内容：一要提高学术标准，培养高水平师资；二要按照"教师专业化"的标准，合理安排公共基础课、学科专业课、教育专业课及教育实践课的比例，体现师资培养的学术性和师范性的统一。

（四）教师教育技术和手段的创新

信息技术的广泛应用，不仅改变着人们的工作和生活方式，也改变着教育和学习方式。教师的信息化教学能力是影响信息技术与教育深度融合的关键因素，也是信息技术是否能促进教育教学变革的核心要素之一。审视教师教育技术专业能力,是当前教育变革阶段的重要内容。2004 年 12 月,教育部颁布了《中小学教师教育技术能力标准》,该标准对中小学教师的信息技能、教学设计能力和课堂授课能力的要求进行了具体阐述,也明确要求教师应该具备现代教育技术能力。以教育信息化带动教育现代化是教育事业实现新的跨越式发展的关键因素。教师教育应当抓住这一契机,推进技术手段的信息化进程。比如在教师继续教育中,充分运用现代远程教育手段打破时空间隔,沟通各种教育形式,实现大规模,高质量、高效益地培养培训教师。

21 世纪头二三十年是我国发展的重要战略机遇期,我们要牢牢把握历史赋予的重要战略机遇期,加快新一轮教师教育改革与发展,建立与完善适应社会主义市场经济需要的现代教师教育制度,建立现代教师教育标准体系,形成现代教师教育监管制度。

第二节　教师教育改革的体系构建

教师教育转型是时代发展对师范教育提出的新要求,教师教育要不失时机地抓住发展机遇,寻找好转型的新突破口,使教师教育顺利实现体制转型和内部改革,以更好地适应新时期教育发展对师资的新要求。以下就中国教师教育体制改革的目标、对象、范围、重难点、动力、阻力、突破口,对教师教育改革的体系构建问题进行分析。同时,以广西为例,就如何重建教师教育体系问题进行研究。

一、中国教师教育体制改革的目标

教师教育转型是时代发展对师范教育提出的新要求,教师教育要不失时机地抓住发展机遇,寻找好转型的新突破口,使教师教育顺利实现体制转型和内部改革。

中国教师教育体制改革的最终目标主要是实现教师的专业发展，具体体现为以下几点。第一，打破原有教师教育严格的计划性，使教师教育能敏锐、快速地反映社会对教师教育的要求。第二，打破原有独立、封闭的教师教育体系，提高教师教育院校的竞争意识和竞争能力。第三，打破原有教师教育职前教育和职后教育相分离的局面，提高教师教育有限教育资源的效率和效益。第四，通过综合性和非师范类大学参与教师教育，扩大教师教育培养与培训的途径。

二、中国教师教育体制改革的对象和范围

中国教师教育体制改革的对象包括原有各级各类师范院校和参与教师教育的综合性和非师范类大学新开设的教师教育学院。

中国教师教育体制改革的范围包括制度、体制、机制、培养模式、学校结构等诸方面。

在对原有各级各类师范院校的改革中，无论是体制建设，还是运作机制、培养模式、学校结构等方面，一定要考虑我国的具体实际。

三、中国教师教育体制改革的重点和难点

中国教师教育体制改革的重点，是如何改革现有的培养体制和管理体制增强教师教育体制的开放性、灵活性，增强教师教育的适应力和竞争力。

中国教师教育体制改革的难点，是如何在独立设置与开放参与、集中管理与自主办学、计划配置与市场配置、坚持师范与综合办学诸矛盾中寻求到一个合理的动态平衡。

四、中国教师教育体制改革的动力和阻力

中国教师教育体制改革的动力来自于外部环境和内部要求

两个方面。

第一，从外部环境来看，主要有以下两个方面：第一，我国经济体制改革的要求。我国传统的社会主义计划经济体制早已经被新的社会主义市场经济体制所取代，在市场经济体制改革过程中，原有独立、封闭的师范教育体制必须加以改革。第二，我国基础教育改革的要求。自1999年《中共中央、国务院关于深化教育改革全面推进素质教育的决定》颁布以来，以推进素质教育，改革教育教学模式和方法，培养学生的主体意识、创新精神和实践能力为旨归的基础教育改革在全国范围内开始实施。基础教育改革要求教师教育者提升学历层次，提升教育教学水平。而目前我国教师教育办学条件相对较差，办学层次偏低，布局结构不尽合理，规模效益与教育思想、课程体系、教学内容和教学方法、手段不能完全适应教育现代化和实现素质教育的需要；中小学教师继续教育任务繁重，教师教育法制建设有待进一步完善等。因此，教师教育亟待改革和发展。

第二，就内部要求而言，要求更新办学观念，变革管理体制，创新培养模式，调整学科专业，多渠道筹措办学经费等。

中国教师教育体制改革的阻力，既有国家政策方面的不足，也有教师教育院校内部的问题。概括而言，主要是办学观念滞后，管理体制不活，培养模式陈旧，学科发展失衡，办学经费不足等。

五、中国教师教育体制改革的突破口

中国教师教育体制改革的突破口是加快培养体制和管理体制改革，推动综合性和非师范类大学参与基础教育师资培养。在今后相当长的一定时期内，中国教师教育体制的改革，既要稳妥解决和处理改革和发展过程中出现的新问题，也要有效地适应中国经济社会发展对教师教育提出的新要求、新机遇和新挑战。为此，应从以下几个方面寻找改革的突破口。

第一，加强教师教育和教师队伍建设的法制化、制度化建设，尽快修改《教师法》和制定《教师教育法》，使教师教育的地位、投入、任职资格、进修培训等相关问题以法律的形式得到确立和保证。

第二，加大对国家级重点师范大学的投入，充分发挥它们的先导和示范作用，使它们在率先进入综合性大学行列的同时，继续保持教师教育优势和领先地位。

第三，充分发挥原有师范院校教师教育的主体作用。在师范院校基础上合并改制的地方性本科院校，要充分发挥原有的教师教育的主体作用，明确学校的定位和办学方向，更好地承担为当地培养、培训中小学教师的责任和义务。

第四，建立非师范院校举办教师教育的准入制度，确保非师范院校教师教育的地位和质量。

第五，加强教师专业标准的研究和制定，使教师资格的认证更科学、合理、规范。

第六，抓住机遇，努力提高职业教育师资队伍专业化程度。要加强职业教育师资队伍的建设，实施职业院校教师素质提高计划，地方各级财政要继续支持职业教育师资培养培训基地建设和师资培训工作，加强"双师型"教师队伍建设。教育部师范教育司应尽快组织有关人员，以立项、课题等形式，就职业教育在内容、方式、方法，职业教育教师劳动的独特性等方面的特点进行深入的研究，尽快建立职业学校校本的职业教育师资专业化教育培养培训基地，力争走出一条符合中国实际和职业教育特点的教师专业化发展的道路。

第七，引入竞争，建立科学高效的教师培训机制。目前教师培训中存在着针对性不强、实效性不够、费用偏高等问题。其主要原因在于教师培训者素质不高。现有许多教师培训机构的培训人员难以适应培训的实际需要，知识储备和实践经验明显不足。因此，国家应规范教师培训制度和机制，加强培训机构的建设，加大对培训者的培训力度。应对教师培训机构适度开放，引入竞争,对培训项目进行招标,谁做得好谁就来做,建立科学高效的培训机制。

第八,加强国内国际合作,建立中国多元、开放的教师教育新体制。加强国内国际的交流与合作,充分调动和利用各种资源,是最终建立中国多元、开放的教师教育新体制的根本途径。因此,必须加强和加大国内高校间教师教育资源的优化、整合,增进各高校间教师教育的合作;必须加强和加大与国际教师教育间的交流与合作,允许独资或合资的民办高校参与教师教育,进一步加强教师教育的竞争意识和竞争能力。

六、重建教师教育体系的建议——以广西为例

改革开放前,我国的师范教育体系是相对独立的,处在高度集中的管理体制下,基础教育的目标是由教育部统一制定的,教材是统一的,高考是统一的,学校的分类功能高度集中,分配体制也是刚性的,由此维持了一个由中师、师专、教育学院、师范学院和师范大学组成的比较完整的、稳定的体系。然而,20世纪90年代中后期以来的发展,破除了原有体系却没有建立起新的体系,削弱了师范教育体系,降低了教师专业化水平。

近年来,广西坚定不移地实施教育优先发展战略,先后推出学费代偿、地方免费师范生等方式,鼓励大学毕业生到基层任教,教师的培养规模结构得到了优化,基础教育教师的总量大幅度增加。根据广西壮族自治区教育厅发布的《广西壮族自治区基础教育综合报表(2017—2018)学年初》的统计,2017年,广西有幼儿园园长、专任教师96 010人;小学专任教师247 133人;初中专任教师129 756人,有力地支撑了广西"两基"目标的如期实现和学前教育三年行动计划的顺利推进。但是,与全国发达地区相比,广西的基础教育教师还有很大差距,不能有效地满足打造广西教育升级版的目标要求:基础教育师资需求量大,培养任务十分艰巨;义务教育师资结构性失衡;基础教育教师学历层次偏低;教师信

息化素质不高。当前广西基础教育师资薄弱，主要是因为基础教育教师地位偏低，职业吸引力不强；基础教育师资培养层次偏低；师范生生源质量有下降趋势；广西师范院校布局不尽合理；教师职后培训的系统性不强。对此，广西应当重建本地教师教育体系，不断优化顶层设计，加强本地区基础教育师资培养，提高本地区基础教育水平。

（一）创新政府宏观指导下的教师培养机制

1.调整高校布局，提高培养层次

加强教师的教育改革，支持符合条件的高专院校尤其是师范类专科学校升本，提高基础教育教师培养层次，有利于在较短时间内改善基础教育师资不足和培养水平较低的现状。同时，根据全区师范院校的布局现状，结合各地区的实际需求新建师范院校，确保桂北、桂西南、桂南、桂西、桂东等区域基础教育中有充足的师资来源。再者，充分利用综合性大学的学科建设优势和教学、科研底蕴设立教师教育学院，创新教师培养形态，扩大教师队伍的来源。

2.改进师范专业招生方式，推进教师教育改革

当前的师范专业与综合性大学同批次录取，不利于有志教育事业的综合素质较高的考生进入师范院校。因此，广西应当深化高考招生制度改革，探索恢复师范专业考生面试、提前批录取、入校后动态调整和从初中择优培养等方式，遴选乐教适教的师范生，在源头上确保教师队伍培养的可靠性、高水平性。建立教师教育协同创新中心，形成高校、地方、中小学（幼儿园）三方联动的教师培养协调机制。建立"双导师"制——大学专业教师和中小学教师双重指导，培养学生的教学反思、教学研究能力，提升学生的职业核心能力和专业素养。

3.改革师范生公费教育制度,扩大公费师范生规模

师范生公费教育制度是国家吸引优秀人才从教的惠民政策,也是解决广西师资紧缺的便捷举措。广西应当根据《教育部直属师范大学师范生公费教育实施办法》出台实施细则,探索免费培养、到岗退费、学费补偿和国家助学贷款代偿等多种方式,吸引优秀人才报考公费师范生,提升师范生培养质量。

4.改革现行的教师管理方式,实行教师"县管校聘"体制

统一城乡的中小学教职工编制标准,以县为单位,改革教师管理机制,按照"总量控制、城乡统筹"的原则,县教育局统一管理全县教师编制,教师由县教育局调配,学校按需聘任,使教师由"学校人"转变为"系统人"。建立定期交流、跨校竞聘、片区走教、跟岗支教、利益补偿等教师交流轮岗新机制,切实考虑教师的工作和生活实际,积极引导优秀教师向乡村偏远学校、教学基础薄弱学校流动,使教师及其家庭可落户县城,子女可在县城就读,解决子女就学的后顾之忧。

(二)构建多层次、多维度的基础教育师资培养体系

第一,加强职前培训和学历补偿教育。可借鉴西方发达国家教师培养制度,落实新进教师职前培训。培训单位可由具备深厚教师教育底蕴和良好教师教育实践平台的师范院校承担,保证培训的体系性、专业性和有效性。培训时长需达 3—6 个月,进行教师专业性知识的模块学习。鼓励和支持在职教师提高学历,提供费用补偿制度,为教师提供良好学习条件,形成积极、健康、向上的教师学习和提升的良好氛围。

第二,完善职后教师分级分类精准培训。定期开展全覆盖式的职后学习培训,将职后教育落到实处。严格执行现行的继续教育学分制,在职教师每年规定完成一定量的学分,学分完成情况与教师的年终工作考核和职称评定挂钩。鼓励教师进行脱产的

骨干教师培训，增强教师的专业素养和职业胜任力。

第三，落实职后转岗的第二专业学习，学习时间为一年。根据学校岗位需要，实行教师队伍的动态管理机制，充分挖掘富余教师的潜力，为富余教师创造良好条件，给他们安排 6—12 个月的第二学历培训，学习第二专业核心课程，开展信息技术培训等，让他们具备从事第二专业教学的胜任力、竞争力和专业教学能力。

（三）基于互联网技术，提升教师的信息素质

要开展有针对性的互联网基础信息素质提升项目，帮助教师转变传统教学观念、提高信息素质的意识，让教师具备信息技术和学科课程的整合能力。学校和地区可建立教学资源共享库，实现课程、课件、教学素材的共享和学习；加强教育技术创新，让信息技术成为教师教学能力新的增长点；建立通用培训平台，开发教师信息素质提升手机 APP 程序，教师可随时随地的开展学习、互动交流、及时为教师解答疑惑，形成学习、交流的平台，让教师信息素质提升变得简单、易行。

第三节　教师教育变革的文化路径探析

促进教师行业的专业化变革，倡导以专业化为主旨的驾驶教育变革，是当代世界教师教育改革的主流。而教师文化是教师专业发展的重要方式。文化是教师存在的本体与象征，对教师成长而言，其不可或缺的就是教师个体文化的自觉与自塑、教师群体文化的浸润、教育文化的型构。教师发展是一个在教师个体文化、教师群体文化和教育文化间的互动互塑的过程。教师教育的文化变革之路是对专业型教师教育的基本思维——专业的社会化建设之路的延伸，是对教师教育实践中的既有态势、苗头进行理论提升与合理创造的结果。在教师文化的视野中，教师发展将

会走上一条以教师文化的创生、发展、变迁为主线的道路,教师教育将获得一种崭新的姿态和面貌。

一、教师文化与教师个体的关系

从实质上讲,教师的发展就是教师文化的发展,就是教师生活样式的变革与创构。但从具体过程而言,在不同教师文化类型中,教师文化与教师个体之间的关系会有所不同,教师发展的方式亦会出现差异。教师文化与教师个体的关系主要有重合关系、张力关系、互塑关系。

第一,重合关系。从个体文化与教师的关系来看,教师与其文化之间是相互重叠的关系,教师个体通过其文化而存在,通过其文化的转变而发展。教师个体在使用创造性活动表达现自己的同时也在创造着自己的文化。所以说,教师的发展就是教师个体的文化创造性与转变性活动。

第二,张力关系。从群体文化与教师的关系来看,教师与其文化之间是一种不平衡性关系:在教师群体内,不同教师个体之间的文化发展水平是不同的,由此不同个体文化发展水平间呈现出不均衡性态势。而教师群体文化是它们之间不断整合的结果。教师的群体文化与个体文化之间永远难以完全重合,这种不一致性也正是推动教师文化发展的持久动力。教师个体就存在于教师群体文化中,难以摆脱教师群体文化的影响,但教师个体又总会极力地超越群体文化样式的束缚。而一旦教师个体开展的文化创新活动取得了新的成就,就会被整合进教师群体文化里。教师个体文化与教师群体文化就处于这种张力性的关系之中。

第三,互塑关系。从教育文化与教师的关系来看,教师与其文化之间是互塑的关系。教育文化借助于教育传统、民间教育学的力量来规定教师个体的存在状态,其旨趣在于反映当下社会背景、行业发展对教师个体的一般性期待。而当绝大部分教师的文化水平已经有了很大程度的提高时,整个社会、行业的教育文化主流必然会随之发生迁移。

二、教师文化与专业判断的关系

对教师发展而言,是增进专业判断的智慧还是发展教师的文化是一个值得思考的问题。

专业判断是专业型教师教育生活中的重要一环,它是教师面对具体教育问题时做出的一种选择和决断。从表面上看,专业判断具有极大的自主性和自由性,但实际上其仍处于教师文化系统调控下。它是表面上的理性判断行为与潜在的文化系统控制的统一,实质是置身于教师的教育习惯、教育惯例、教育传统、教育认识论等文化样式之中的判断,这些文化样式是教师个体所难以逾越的。因此,教师的专业判断实质上是文化性的判断,是半自觉的判断。在教师文化和教育情景中,教师的判断根本难以实现全自觉化。作为教师发展的重要内容——教师专业判断力的发展也必须建基于教师文化发展之上时才可能实现真正的自主。

由上可见,教师的发展不是教育能力的增长、教育理性的增长和教育认识的提高,而是教师文化的转变及教师参与教育生活的稳定样式的变迁。教师的发展必须建基于教师完整的生活世界、稳定的文化样式之上才有可能,回归教师文化、关注教师文化、面向教师现实、变革教师文化是教师教育发展的必由之路。

三、教师发展的文化转变之路

在教师文化视野中,教师发展的基本路径是教师个体文化的转变与型构,教师教育就是教师个体接受优质教师群体文化熏陶的过程,故教师个体文化与教师群体文化间的互动则是面向教师文化变迁的教师教育赖以建立的根本基础。通过教师群体文化来影响教师个体文化,通过个体文化变革来推动教师群体的发展是推动教师发展的重要策略。

（一）文化互动的基本方式

文化互动的基本方式，即基于教育事件的"拟子"传播。

一般认为，文化传播就是文化特质的传播，即一种独特行为方式的传播。但就学者来看，这种看法仍然很模糊，由此进一步提出了"文化拟子"。所谓"拟子"，就是"文化传播单元"和"行为模拟单位"。为了识别某一行为方式是否为"拟子"，学者提出了一些判断方式：其一，能够通过模仿进行复制，并且具有一定的保真性；其二，拟子之间的边界具有一定的约定俗成性；其三，能够表达一个独特的意义单元。对照教育活动来说，在所有教师个体的教育生活方式中稳定存在的、不可再分的表意单元就是一个文化拟子，如一次意义完整的师生互动等，都可能成为教师文化的一个拟子。每一个教师文化拟子就是教师在教育事件所呈现出来的一个样式、一个范例、一个风格、一个单位。教师个体的文化的生成就是这些拟子在教师所经历的教育事件中的再生、组合、形成独特样式的过程；教师群体文化的生成就是这些拟子在个体之间传播，进而形成一个群体共同的"拟子库"的过程。总而言之，教师文化的互动就是以个体教师的文化拟子为单位的传播、复制、扩散的过程。

（二）两类教师文化互动的形式

由上可知，教师文化的互动就是以文化拟子为媒介的文化间相互传播、扩散、对流、共生、共存的动态过程。就教师文化而言，由于每一种教师群体文化都是个体文化之间自然整合的结果，其结果就表现为不同个体文化在教师群体文化系统中的相对位置（或者个体文化间形成一定结构）的定型化。至此，每一种个体文化在群体文化中的地位或位置是相对稳定的：那些相对有生命力的、强势的个体文化位居群体文化系统的核心，而那些相对弱势的个体文化则位居边缘位置。随着教师个体文化和教师群体文化之间"势能"对比的变化，两种文化之间会呈现出不同的互动形式:当教师个体文化与教师群体文化之间暂时均势时,这两种文化之间就会出现共存与共生两种样态,而当两种文化之间处于非均势时,两种文化之间就会出现博弈与殖民两种样态。

1.共存式互动

当一种教师个体文化并不直接危及教师群体文化的存在时,这种个体文化与教师群体文化之间可能会出现和谐共处的状态,进而,两种文化通过相互渗透的形式实现自然互动,这就是共存式文化互动。两种文化都有自己的"高端"与"低端",这就使两种文化之间呈现出自然的、交叉式的相互对流、相互渗透、相互进入的态势。这个流动过程,即从教师个体进入群体表层文化(获取合法存在身份)—群体核心文化(进入核心)—进入文化冲突区(相互"参与")—教师个体文化再构教师文化互构的过程。

2.博弈式互动

当教师个体文化与群体文化出现非均势时,就会出现两种情况:一种是个体文化的强势压过了群体文化,此时就会出现个体文化与群体文化之间博弈态势的发生;另一种情况是群体文化的强势压过了个体文化,此时就会出现个体文化与群体文化之间的殖民态势的发生。在博弈式态势中,教师个体文化与群体文化总是处于冲突、争夺之中:教师个体文化试图取代教师群体的核心文化,教师群体的核心文化试图压倒教师个体文化,以维系自己的统领地位。实际上,文化博弈的过程就是两种文化各自为充分表现自己的潜在优势而相互博弈的过程。当一种教师个体文化真正代表一种有生命力的文化,教师群体文化最终就会屈就于它,进而,这种教师个体文化就被擢升为整个教师群体的核心文化。反之,当这种教师个体文化的力量还不能战胜教师群体文化,它就会被教师群体文化整合进来,使之成为群体文化的一个构成并与原来的核心文化同处于教师群体文化之中。

3.殖民式互动

由上可知,当教师群体文化处于强势地位,而教师个体文化处于劣势地位时,教师群体文化与教师个体文化之间就会呈现出殖民与反殖民的态势。这种文化互动形式就是殖民式互动。在殖民式互动中,教师群体文化总是利用各种文化传播途径,按照群体核心文化的标准来塑造教师个体文化,迫使教师个体文化归属于其文化系统。在这种文化互动中,教师群体文化始终处于强势地位,教师个体文化难以与之匹敌。

4.共生式互动

所谓"共生式互动",就是指教师群体文化样式与教师个体文化样式在共存、共在的前提下相互吸收、相互激发、相互关怀、相互理解。

共存式互动、博弈式互动、殖民式互动这三种教师文化互动形式的共同特征是以文化系统内部流动、互动为主,故它不易催生出新的文化,甚至会埋没、扼杀某些文化特质,从而或多或少地会抑制教师文化发展的活力。尽管这三种互动形式在教师文化中是现实存在的,但它们并非最合理的文化互动形态。共生式互动才是较为理想的一种互动形式。共生式互动旨在在教师个体文化与群体文化之间构建起一种平等、合作、共生、和谐、共赢的良性沟通渠道,以推动实现两种文化之间"合而不同"式的发展,促进新文化的创生。共生式互动在新文化的创生中同时重构着教师的群体文化与个体文化,推动着教师文化的新陈代谢和常变常新。在这种文化互动中,教师文化的个性与共性实现了接合与互生,从而不断创造着教师文化发展的新方向,凝聚着教师文化发展的潜力,拓展着教师文化发展的新空间。

四、教师教育变革的文化路径设计

由上可知,教师的发展是文化的转变与发展,是不同教师文化类型之间的互动。因此，当代教师教育变革应该具有"文化"的视野和眼光。教师教育变革的文化路径设计，可从以下几点入手。

（一）优质教师群体文化的创生

教师内在于两种文化之中，教师的发展既是教师个体文化的发展，又是群体文化的发展。教师群体文化是由教师个体文化之"岛"构成的文化"群岛"，教师个体文化之"岛"在群岛内部与群岛之间的流动正是催生教师群体发展的重要力量。教师的发展需要的是教师个体文化与教师群体文化的"牵手"与联合，需要的是一种文化协作关系的建构。下面从文化拉动、文化联动、文化移动、差异式带动这几个方面来谈优质教师群体文化的创生策略。

1. 文化拉动

所谓文化拉动，它是指优秀个体文化对群体文化的示范和带动。具体而言，在一般状态下教师群体文化是有机的、整合的，在其内部各种个体文化浑然一体，彼此保持着一种动态式平衡关系。但是，在这种整合状态下，教师群体文化发展也总是遇到动力不足的问题，而且其对教育环境的适应能力是有限的。因此，教师群体文化要实现快速发展，就有必要引入一种新的教师个体文化作为典范。对此，教师群体的主导者应该为群体成员创造一个良好的文化竞争、相互共生的平台，促使优秀教师个体文化脱颖而出，进而以之作为整个教师群体文化发展的方向。当然，也可以人为地打造出一种优秀个体文化，并以之作为群体文化发展的标杆和榜样。

当某种优秀个体文化的选择与打造工作完成后，它就与教师群体文化之间形成一种共存式关系，进而这种优秀教师个体文化就在与群体文化的相互滋养、相互吸收中日趋成熟。经过一段时间之后，这种优秀教师个体文化开始处于强势地位，开始进入与群体核心文化相互博弈、角逐的状态。如果博弈成功,新的教师个体文化就会占据教师群体文化的核心地位,否则其就需要重新塑造。

2. 文化联动

由上可知,教师个体文化在相互共生、相互碰撞和自然接合中也能引发教师群体文化的变动,只不过是这种文化互动的进程尤为缓慢而已。因此,需要人为地创造条件来加速这一进程,这就是文化联动。文化联动可以解析为两个阶段:其一是文化共生阶段,其二是走向实践阶段。在前一阶段中,各种个体文化在群体教育生活这一平台上自由表现、充分交流,充分暴露每一种个体文化的优劣势。随之,每一种个体文化的优势就会在教师的观念意识中拼合起来,一种理想的教师群体文化开始萌芽进而在教师群体的头脑中诞生。在第二阶段中,每个教师个体开始将这种理想的教师群体文化付诸实践。当这种群体文化的实践形态具备之后,优秀教师群体文化就基本成型。文化联动的群体文化发展策略的特点是生成性,理想的文化发展形态不是在研究者头脑中预构出来的,而是在教师群体互动中自然生成的。因此,教师群体的主导者要鼓励各种个体文化的自由表现、对优秀教师个体文化的识别和引导教师对优秀群体文化样态的观念建构。

3. 文化移动

教师群体文化的发展不仅通过教师个体文化的相互拉动和内在联动来实现,还通过教师个体文化的空间位移来实现。教师个体的移动不仅是身体的移动,更重要的是它是两种教师文化的同时移动。实际上,教师文化的移动就是优质教师群体文化向另一教师群体的载入过程。因此,以教师个体的人员流动为媒介来实现优秀教师群体文化的移植是教师群体文化创建的又一重要策略。

文化移动过程中,随着一个优秀教师群体成员(教师个体)的加入,优秀教师群体文化的拟子库随之被输入,优秀群体文化就开始在新群体中繁衍、复制。初期,新教师群体对外来的优秀教师群体文化具有陌生和不适感;后期,由于优秀教师群体文化深入人心,并为教师群体所认同,此时新教师群体对优秀教师群体文化开始怀有拥抱姿态。

4.差异式带动

教师个体文化的发展不可能是齐头并进的,而是差异带动式的。一般而言,教师个体文化的生命力大小不同、发展水平不同,对教师群体产生的影响也不同。相对而言,优秀教师个体文化由于其比较完善性、具有示范性,对其他教师个体产生的辐射性和影响力较大,故对教师群体文化产生的效应也较为明显。当一种教师个体文化发展成为强势的、优秀的文化,进而成为整个教师群体的文化核心时,群体中的其他个体文化就会受到这种个体文化的感召和引导,并向着这种优秀教师个体文化逼近、靠拢。随之,这种优秀个体文化就会成为整个群体的核心文化,最终实现优秀教师群体文化的创生。从一定意义上讲,良好的教师群体文化是教师个体发展的沃土,是教师实现"浸润"式发展的有力工具。

(二)组织变革与优秀教师调动

无论是教师个体文化的发展还是教育文化的更新,它们都需要通过教师群体文化变革来实现。要打造一种优质的教师群体文化就需要从组织变革与优秀教师调动这两点入手。

(1)教育组织变革。在教师文化创构中,教师个体文化与教师群体文化之间存在一种共生态关系,为协调这种关系,教师教育需要建立一种有效的组织来促使两种文化之间沟通与平衡,催生一种和谐的教师主体文化。当前,我国维系教师群体文化与个体文化之间的基本组织关系是行政组织与研究组织。就前者而言,教师群体文化处于   并指导着教师个   发展;就后者而言,教师个体文   群体文化之间   对恰当的平衡。然而,在我国教育   育研究组织常常处于辅助、次要地位,教师个体文化与群体文化之间的互动和交流还不够充分,教师个体文化之间壁垒重重,处于各自为政、分门独户式的状态。因此,应该要构建民主、合作、交流型、学习型的教育研究组织,强化该组织在这两种文化互动中纽带功能,实现教师个体文化与群体文化之间的和谐发展。

(2)优秀教师调动。显然,教师个体不仅是其个体文化的载体,还是其群体文化的载体,优秀群体文化是通过其中的优秀代表来承载和体现的。所以,通过优秀教师个体的调动来实现优秀教师文化的移动、移植是教师教育的又一重要路径。优秀教师的调动必然会导致不同教师群体文化之间产生了一种互动关系,有力推动着社会教育文化的形成与发展,从而提升着整个社会的教师规格和文化品质。

(三)构建教师发展的文化生态

教师的发展存在三种文化形态——在教师个体文化、教师群体文化与教育文化之间的交互作用、共同影响下完成,是一种相互推动、相互构成和互为基础、相互积淀的生态性关系。所谓"文化生态",就是由上述三种教师文化形态在相互依托、共存共生中构成的一种动态发展、有机关联的良性循环。就教师文化生态而言,这种关联存在于教师的个体文化、群体文化与教育文化之间。具体而言,可以将这一生态式链环描述为三个环节:其一,教师个体文化与教师群体文化的互生/互动关系;其二,教师群体文化与教育文化之间的拉平/积淀关系;其三,教育文化与教师个体文化之间的代际传承关系。

在教师主体文化的发展中,各种文化形态不是孤立发展的,而是相互联动、相互依托、相互作用的。教师的文化发展是一项局部与总体、个体与整体之间形成的互动关联活动(图 10-1)。

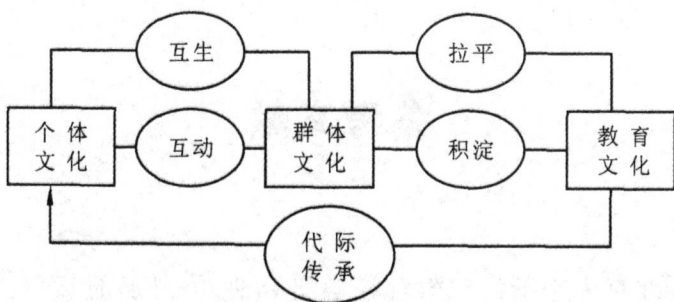

图 10-1 教师文化生态①

可以说,只要将教师置于这一文化生态链环之中,教师的发展完全可以通过一种自然的方式来实现。在教师文化视野中,教师教育者的核心责任就是维护这个文化生态,并引导教师融入这个生态之中。

---

① 龙宝新.当代教师教育变革的文化路径[M].北京:北京师范大学出版社,2012:285.

参考文献

［1］北京未来新世纪教育科学研究所.海外教育漫谈［M］.呼和浩特:远方出版社,2006.

［2］陈朝新,陈一铭,马勇琼.自我效能感与教师专业发展［M］.桂林:广西师范大学出版社,2016.

［3］陈坚.当代继续教育研究［M］.北京:光明日报出版社,2016.

［4］陈时见.教师教育课程论:历史透视与国际比较［M］.北京:人民教育出版社,2010.

［5］谌启标.教师教育大学化的国际比较研究［M］.福州:福建教育出版社,2008.

［6］范雪贞,邹小丽,王林发.打造灵动的教育场 张旭与情感教育［M］.重庆:西南师范大学出版社,2015.

［7］方晓华,付东明.双语教师教育研究［M］.北京:北京语言大学出版社,2014.

［8］高忠明.适应与超越 中学初任教师专业成长研究［M］.武汉:华中师范大学出版社,2012.

［9］郭平,卢雄.行走在教育科研的道路上:成都师范学院教育科学学院教育科研论文［M］.成都:西南交通大学出版社,2015.

［10］郭平.现代大学治理及其功能研究［M］.成都:西南交通大学出版社,2015.

［11］郭平.中学教师综合素质与职业发展［M］.成都:西南交通大学出版社,2015.

［12］韩立福.教师教育观念深度转型:由认识走向行动［M］.长春:吉林大学出版社,2012.

[13]韩勇.体育教育实习指导教程[M].北京:北京理工大学出版社,2014.

[14]何齐宗.教师教育与教师发展研究[M].北京:中国社会科学出版社,2014.

[15]洪明.教师教育的理论与实践[M].福州:福建教育出版社,2002.

[16]侯艳芳.我国高校教师入职教育的实证研究[J].河南科技学院学报,2010(8):36-38.

[17]胡国清.现代教师教育技术能力培训与新课程教学评价及考核认证制度实用手册:第一卷[M].北京:教育科学出版社,2007.

[18]胡明宝.高等师范素质教育概论[M].长沙:湖南大学出版社,2000.

[19]胡永新.教师人力资源管理[M].杭州:浙江大学出版社,2008.

[20]胡重庆.反思性实践者范式下教师专业发展研究[M].成都:巴蜀书社,2013.

[21]黄爱峰,赵进,王健.体育教师基本技术技能标准研究[M].长沙:湖南师范大学出版社,2014.

[22]黄洁芳.课程改革情境下高校英语教师认知发展研究[M].北京:新华出版社,2017.

[23]黄永林.教育财会改革探究[M].武汉:华中师范大学出版社,2014.

[24]蒋立兵,易名农.现代体育教育技术[M].武汉:中国地质大学出版社有限责任公司,2012.

[25]教育部基础教育一司.义务教育学校管理标准解读[M].上海:上海交通大学出版社,2015.

[26]教育部教师工作司.教师教育课程标准(试行)解读[M].北京:北京师范大学出版社,2013.

[27]靳希斌.教师教育模式研究[M].北京:北京师范大学出

版社,2009.

[28]康晓伟.教师教育者:内涵、身份认同及其角色研究[J].教师教育研究,2012(1):16.

[29]李春玉.学生、教师与教育[M].长春:吉林大学出版社,2016.

[30]李华.地方高校青年教师专业发展研究[M].成都:西南交通大学出版社,2014.

[31]李明善.教师专业发展论纲[M].长春:吉林大学出版社,2011.

[32]李小卫.专业化视野中的创新型教师[M].长春:吉林科学技术出版社,2006.

[33]李晓波,陆道坤.思想演变与体制转型:中国教师教育回眸与展望[M].镇江:江苏大学出版社,2012.

[34]李学农,张清雅.教师教育世纪转型与发展[M].南京:南京师范大学出版社,2014.

[35]李哲民.中小学学业质量保障体系研究:精细化管理体系构建与研究型教师团队培育[M].上海:学林出版社,2015.

[36]连秀云.教师专业化建设——一个影响教育改革与发展的时代课题——中国教育学会第15次学术讨论会综述[J].中国教育学刊,2003(2):48-51.

[37]林樟杰.教师教育体制机制问题研究[M].北京:中国人民大学出版社,2009.

[38]玲珑.成功教师全攻略[M].沈阳:万卷出版公司,2014.

[39]刘艾清.职前教师教育实践能力有效考评缺失及改进策略[J].长江大学学报,2013(12):175-176.

[40]刘春梅.新课程三维目标下的教师素质[M].郑州:河南人民出版社,2010.

[41]刘洪涛.开放式学校教育的理论与实践[M].青岛:中国海洋大学出版社,2017.

[42]刘鹂.教师教育者教学能力研究[M].西安:陕西师范大

学出版总社有限公司,2016.

[43]刘天娥.学前教师教育课程设置研究[M].武汉:武汉大学出版社,2017.

[44]刘维俭,王传金.教师职前教育实践概论[M].南京:南京师范大学出版社,2006.

[45]刘兴富,刘芳.教师专业化发展的理论与实践[M].北京:光明日报出版社,2009.

[46]刘彦文.教育基本问题专论[M].北京:中国轻工业出版社,2012.

[47]刘雍潜,孙默.数字校园综合解决方案(2015)[M].北京:中央广播电视大学出版社,2015.

[48]龙宝新.当代教师教育变革的文化路径[M].北京:北京师范大学出版社,2012.

[49]罗毅.职前英语教师专业发展研究——教育研习视角[M].武汉:华中科技大学出版社,2016.

[50]罗越媚.思想政治课程与教学论[M].广州:广东高等教育出版社,2013.

[51]马红宇,唐汉瑛,刘腾飞.中小学教师胜任特征研究及应用[M].北京:教育科学出版社,2013.

[52]马晓燕.教师教育论[M].济南:济南出版社,2005.

[53]蒙佐德,曾光福,李雪梅.青年教师专业成长论[M].成都:电子科技大学出版社,2014.

[54]曲中林,胡海建,杨小秋.教师教育的实践性研究[M].哈尔滨:哈尔滨工程大学出版社,2016.

[55]璩鑫圭,童富勇,张守智.中国近代教育史资料汇编——实业教育　师范教育[M].上海:上海教育出版社,2006.

[56]任登中.校本培训研究与实践[M].重庆:西南师范大学出版社,2007.

[57]任学印.教师入职教育理论与实践比较研究[M].长春:东北师范大学出版社,2005.

[58]舒新城.中国近代教育史资料:上册[M].北京:人民教育出版社,1985.

[59]孙晨红,张春宏,王睿.教师专业化发展与教师成长[M].2版.哈尔滨:东北林业大学出版社,2016.

[60]孙志军,等.重建课程文化　场口中学多样化选修课程建设的实践与探索[M].杭州:浙江大学出版社,2015.

[61]陶仁,杨其勇.顶岗支教实习:地方高校师范人才培养新模式[M].昆明:云南大学出版社,2010.

[62]田爱丽.论教师道德教育的评价[J].华东师范大学学报(教育科学版),2008(4):31-40.

[63]汪明春,杨会燕.教师教育综合素质教育教程[M].武汉:华中科技大学出版社,2016.

[64]王加强.教师教育者的多元角色分析[J].当代教育科学,2011(23):45-49.

[65]王建军.中国师范教育百年简论[J].河北师范大学学报,2002(4):5.

[66]王维新,陈金林,戴建国.中国百年师范教育图志[M].上海:上海辞书出版社,2009.

[67]王有智,欧阳仑.心理学基础:原理与应用[M].5版.北京:首都经济贸易大学出版社,2015.

[68]王作亮,张典兵.教育学原理[M].徐州:中国矿业大学出版社,2015.

[69]文剑辉.优秀教师成长之路[M].广州:暨南大学出版社,2016.

[70]吴能表,陈时见.高校教师教学发展中心工作指南卷[M].重庆:西南师范大学出版社,2017.

[71]西南大学教师教育学院.教师教育改革与实践探索:西南大学教师教育改革研究文选(上下)[M].重庆:西南师范大学出版社,2016.

[72]熊月之.1842年至1860年西学在中国的传播[J].历史

研究,1994(4):63-82.

[73]徐承德,虞朝东.南京百年城市史:1912—2012.教育卷[M].南京:南京出版社,2014.

[74]徐浩.师范院校教学模式创新与规范化管理及规章制度:上册[M].合肥:安徽文化音像出版社,2004.

[75]徐红.新政策背景下中小学专家型教师培养模式研究[M].武汉:华中科技大学出版社,2014.

[76]许世坚.思想政治教育专业师范生教育实践指导[M].重庆:西南交通大学出版社,2016.

[77]闫赤兵,夏宝霞,李佳.综合素质:小学[M].北京:光明日报出版社,2015.

[78]杨德敏.大学生就业促进法律机制研究[M].北京:知识产权出版社,2013.

[79]杨东坪.为人师表[M].北京:冶金工业出版社,2015.

[80]杨泉良,许占权.教师从业要求与继续教育[M].武汉:武汉大学出版社,2017.

[81]杨跃.教师教育学[M].北京:北京师范大学出版社,2016.

[82]尹继东,刘六生,赵枝林.教师教育改革与发展研究[M].昆明:云南人民出版社,2007.

[83]余雅风.中小学教育法与教育政策读本[M].长春:东北师范大学出版社,2012.

[84]袁锐锷.教师专业化与高素质教师:经验、理论与改革实践[M].广州:广东高等教育出版社,2007.

[85]曾煜.中国教师教育史[M].北京:商务印书馆,2016.

[86]张德锐.教学档案促进教师专业发展[M].兰州:甘肃文化出版社,2005.

[87]张敏.教师学习的理论与实证研究[M].杭州:浙江大学出版社,2008.

[88]张伟平.入职教育在高校新入职教师专业化发展中的作用及应用[J].开封教育学院学报,2018(3):134-135.

[89]赵昌木.教师专业发展[M].济南:山东人民出版社,2011.

[90]赵灵均.中小学教师素质15讲[M].长春:吉林教育出版社,2012.

[91]郑丹丹.教师教育者及其专业标准的国际比较研究[M].杭州:浙江大学出版社,2015.

[92]中国教育学会教育学研究会.师范教育学[M].福州:福建教育出版社,2013.

[93]周光明,李远荣,黄梅.新教师教育课程体系建构[M].北京:科学出版社,2014.

[94]周洪宇.教师教育论[M].北京:北京师范大学出版社,2010.

[95]周晓燕,聂丽霞.国际教师教育评价经验及其对我国的启示[J].教育理论与实践,2012(8):41.

[96]朱成良.通古今教育之变:推进社会进步的教育制度述评[M].苏州:苏州大学出版社,2012.

[97]朱天利,单永志,邱九凤.新课改背景下教师教育课程改革的理论与应用[M].广州:广东高等教育出版社,2010.

[98]万恒.教师教育者专业素质研究[J].江苏教育,2017(14):23-26.

[99]陈慕杰.广西基础教育师资现状及培养对策——以桂林师范高等专科学校为例[J].桂林师范高等专科学校学报,2018(5):38-42.

[100][美]Bennett M 著,陈佑清译.大学与中小学伙伴协作:美国教师教育中的实践[J].当代教师教育,2008(4):6.

[101][日]日本筑波大学教育学研究会著,钟启泉译.现代教育学基础[M].上海:上海教育出版社,1986.